Jesus
Ich bin das Licht der Welt

JESUS

ICH BIN DAS Licht DER Welt

Seine Worte für dein Leben

Aus dem Englischen von Elke Wiemer

GerthMedien

Vorwort

So weit ich zurückdenken kann, haben mich die Aussprüche von Jesus fasziniert. Die Gespräche mit seinen Jüngern, seine Antworten auf die oft hinterlistigen Fragen der Pharisäer, das, was er sagte, wenn er Wunder vollbrachte, die tief gehenden, herausfordernden Aussagen in seinen Predigten. Selbst heute führen diese Aussagen noch dazu, dass die Menschen ihn kennenlernen wollen.

In den Evangelien finden wir unzählige Aussprüche, Gleichnisse und Predigten von Jesus. In jedem dieser vier biblischen Bücher finden wir seine zentrale Botschaft. Er ruft uns auf, ihm nachzufolgen, erklärt, wie wir gerettet werden können, und lädt uns ein, in seiner Gegenwart Ruhe und Frieden zu erfahren.

Louis Klopsch (1852–1910) wird die Idee zugeschrieben, die Aussagen von Jesus in der Bibel farblich hervorzuheben. Der Herausgeber der Zeitschrift *Christian Herald* kam auf diesen Gedanken, als er im Lukasevangelium die Worte las: „Dieser Becher ist der Neue Bund in meinem Blut, das für euch vergossen wird" (Lukas 22,20). Klopsch beschloss daraufhin, alle Aussagen von Jesus in Rot zu drucken – der Farbe seines Blutes. 1899 wurde die erste englische Ausgabe des Neuen Testaments gedruckt, in der die Jesus-Zitate rot hervorgehoben waren, die erste Gesamtausgabe der Bibel folgte 1901, ebenfalls in englischer Sprache.

Für dieses Buch über die Aussprüche von Jesus habe ich über 100 Abschnitte ausgewählt, die veranschaulichen, dass Jesus Gott war, dass er kam, um den Menschen zu dienen und ihnen seine Liebe zu zeigen. Jesus ist derjenige, der uns unser Leben geschenkt hat, und deshalb dürfen wir bei ihm zur Ruhe kommen und sind bei ihm sicher. Wenn wir Jesus besser kennenlernen, indem wir uns mit seinen Aussagen beschäftigen, kommen wir dem Sinn unseres Lebens auf die Spur, und das schenkt uns einen Frieden, der alle Vernunft übersteigt.

Jack Countryman

Der Mensch lebt nicht vom

BROT ALLEIN,

sondern von einem

JEDEN WORT,

das aus dem Mund Gottes geht.

Matthäus 4,4 (LÜ)

Bevor Jesus damit begann, öffentlich zu sprechen und Menschen zu heilen, führte der Heilige Geist ihn in die Wüste, wo er vom Teufel auf die Probe gestellt wurde. Nachdem Jesus vierzig Tage und Nächte gefastet hatte, forderte Satan ihn auf, Steine in Brot zu verwandeln, um sein dringendstes Bedürfnis zu stillen: Hunger. Doch ohne sich darauf zu verlassen, dass Gott ihn schon versorgen würde. Aber Jesus trat dieser Versuchung mit einem Ausspruch Gottes gegenüber, und genau dasselbe tat er auch bei den darauffolgenden beiden Prüfungen. Jedes Mal, wenn Satan ihn aufforderte, etwas zu tun, antwortete Jesus ihm mit Worten aus der Bibel und brachte den Feind mit Gottes Wahrheit zum Schweigen. Jesus wusste, dass Gott rechtzeitig für die benötigte Nahrung sorgen würde.

Christen müssen mit dem vertraut sein, was in Gottes Wort steht. Und sie müssen bereit sein, seinem Zeitplan zu vertrauen. Wenn Sie Ihr Leben wirklich auf seinem Wort aufbauen wollen, können Sie jeder Versuchung widerstehen – so wie Jesus. Sie können darauf vertrauen, dass er für Sie sorgen wird. Machen Sie es doch wie Jesus, und begegnen Sie jeder Versuchung mit Gottes Wort. Das wird Ihnen die Kraft und den Glauben schenken, auf seinen Willen für Ihr Leben und seinen Zeitplan zu vertrauen.

Die Schrift sagt:
„Du sollst den Herrn,
deinen Gott,
anbeten
und nur
ihm allein dienen."

Matthäus 4,10 (NL)

Während Jesus in der Wüste war, stellte Satan ihn auf die Probe, indem er ihm anbot, über alle Reiche dieser Welt zu herrschen. Jesus musste nur eines tun: vor ihm niederfallen und ihn anbeten. Aber Jesus hielt an Gottes Wort fest und ließ sich nur davon leiten, und so erwiderte er: „Die Schrift sagt …" Jesus sprach Gottes Gebot laut aus: „Du sollst den Herrn, deinen Gott, anbeten und nur ihm allein dienen." Und so endete der Dialog mit Satan. Jesus war allen Versuchungen Satans mit dem Wort Gottes entgegengetreten und standhaft geblieben.

Denken Sie doch kurz einmal darüber nach, was Sie „anbeten". Die Dinge, die Ihnen jetzt in den Sinn kommen, sind vielleicht klischeehaft oder kommen gar nicht wie ein „Gott" daher, aber tun Sie sie nicht vorschnell ab. Die meisten dieser Dinge sind an sich nicht schlecht – außer wenn wir anfangen, sie anzubeten. Welche Dinge werden in dieser Gesellschaft angebetet? Zum Beispiel Familie, Geld, Besitz und Status. Wenn Sie merken, dass eines dieser Dinge Ihre Aufmerksamkeit von Gott ablenkt und sich selbst zu einem Götzen aufschwingen will, dann versuchen Sie doch einmal, es wie Jesus zu machen. Sagen Sie mutig und laut: „Die Schrift sagt: ‚Du sollst den Herrn, deinen Gott, anbeten und nur ihm allein dienen.'" Vertrauen Sie darauf, dass diese Sache dann nicht länger eine Versuchung darstellen wird, genau wie bei Jesus.

Kommt mit mir!
Ich werde euch zeigen,
wie man
Menschenfischer
wird.

Matthäus 4,19

Nachdem die Versuchungen durch Satan vorüber waren, begann das öffentliche Wirken von Jesus. Als Jesus am See Genezareth entlangging, traf er zwei Brüder, Simon Petrus und Andreas. Er fragte nicht, ob sie Lust hatten, sich ihm anzuschließen, und machte auch keine großen Versprechungen darüber, wie ihre Zukunft an seiner Seite aussähe. Jesus sagte einfach: „Kommt mit mir! Ich werde euch zeigen, wie man Menschenfischer wird." Die beiden Brüder ließen sofort ihre Arbeit stehen und liegen und schlossen sich Jesus an.

Auch heute fordert Jesus Sie noch auf, ihm nachzufolgen, Ihr altes Leben zurückzulassen und so zu leben, wie er es Ihnen vorgelebt hat. Wenn Sie sich dafür entscheiden, ihm zu folgen, wird Ihre Beziehung zu Jesus Ihrem Leben Sinn und Ziel geben.

Gott hat jedem von uns bestimmte Gaben und Fähigkeiten gegeben, und er will, dass wir sie so einsetzen, dass sie ihm Ehre machen. Wenn wir ihm unser Leben anvertrauen, dann werden wir seine Hände und Füße sein. Und wenn Sie sich Tag für Tag dafür entscheiden, so zu leben, wird er Ihnen seinen Heiligen Geist schenken. Dieser wird Ihr Leben reich machen und Sie auch dann mit Freude erfüllen, wenn Ihr Leben schwierig wird.

Könnten Sie sich einen noch größeren Segen wünschen? Jesus ruft Sie heute. Werden Sie ihm folgen?

Glücklich
sind, die ein
reines Herz
haben,
denn sie werden
Gott sehen.

Matthäus 5,8 (Hfa)

In den ersten Versen von Matthäus 5 stehen die sogenannten Seligpreisungen – Segenssprüche von Jesus, die seinen Nachfolgern gelten. Jesus sagt darin unter anderem: „Glücklich sind, die ein reines Herz haben, denn sie werden Gott sehen." Aber können fehlerhafte, unvollkommene Menschen überhaupt jemals ein reines Herz haben? Ja, das können sie, aber nur, wenn Gott diese Aufgabe übernimmt – und Gott sei Dank will er genau das für sie tun.

Ob das geschehen ist, erkennen Sie daran, dass Sie glauben, dass Jesus Gottes Sohn ist, dass er mit seinem Tod am Kreuz den Preis für Ihre Schuld bezahlt hat und dass er von den Toten auferstanden ist und über Sünde und Tod gesiegt hat.

Das bedeutet aber nicht, dass Sie nie wieder sündigen werden. Wie können Sie sich also ein reines Herz bewahren? Auch das können Sie nicht aus eigener Kraft schaffen. Aber auch hier will Gott Ihnen helfen. Sie müssen ihn nur darum bitten: „Erschaffe in mir ein reines Herz, o Gott" (Psalm 51,12; Hfa). Nur wenn Sie von Gott „rein gemacht" wurden, können Sie ihn sehen und ihn in allem entdecken, wie Jesus es in seinen Seligpreisungen verspricht. Dann können Sie zu Ihrem himmlischen Vater kommen und das Vorrecht genießen, im Gebet mit ihm zu sprechen und Gemeinschaft mit ihm zu haben. Außerdem werden Sie Gott eines Tages von Angesicht zu Angesicht sehen.

Ihr seid das

Salz der Erde.

Matthäus 5,13

Jesus sagte seinen Nachfolgern, sie seien das Salz dieser Welt. Das war eindeutig ein Bild dafür, welchen Einfluss sie auf ihre Umwelt haben sollten. Salz hat viele verschiedene Funktionen. Zunächst einmal konserviert es Nahrungsmittel. Als es noch keine Kühlschränke gab, wurden Lebensmittel gepökelt, wodurch sie deutlich länger haltbar blieben. Außerdem verleiht Salz den Lebensmitteln Würze. Viele Lebensmittel würden ohne Salz fade schmecken und – für manche Menschen – ungenießbar. Salz macht Speisen also schmackhaft.

Was bedeutet es, wenn Jesus Sie auffordert, das Salz dieser Welt zu sein? Jesus gebraucht diejenigen, die ihn lieben und ihm nachfolgen, um diese Welt, die ihm den Rücken zugewandt hat, „haltbarer" zu machen. Und Jesus möchte durch Sie sein Wort auf eine Weise verbreiten, dass andere es leichter hören, verstehen und aufnehmen können, denn wenn Sie seine Gute Nachricht weitergeben, bekommt sie mehr Geschmack und Lebensnähe.

Salz hebt die einzelnen Geschmacksnoten von Lebensmitteln hervor, und genauso können Christen das Wort Gottes schmackhafter machen und ihre Zuhörer positiv beeinflussen. Wer Jesus kennt, wer ausstrahlt, dass Jesus ihn mit Freude und Liebe erfüllt, macht Menschen Appetit darauf, mehr von ihm zu erfahren.

Halten Sie heute Ausschau nach Möglichkeiten, wie Sie durch Ihre Worte und Taten für diese Welt wie Salz sein können.

Euer Licht soll
vor allen Menschen
LEUCHTEN
Dann werden sie
eure guten Taten sehen
und euren Vater
im Himmel preisen.

Matthäus 5,16

Ein kleines bisschen Licht hat große Auswirkungen auf die Dunkelheit. Die pechschwarze Nacht in einer Höhle wirkt längst nicht mehr so bedrohlich, wenn man eine Taschenlampe einschaltet. Außerdem hat Licht etwas ausgesprochen Tröstliches, wenn man von Dunkelheit umgeben ist – sowohl im wörtlichen als auch im übertragenen Sinn. Und Licht schenkt jeden Tag von Neuem Hoffnung und Freude – wie die Sonne, die durch dunkle Regenwolken bricht.

Deshalb forderte Jesus seine Jünger auch auf, ihr „Licht vor allen Menschen leuchten" zu lassen. Diejenigen, die mit Jesus durchs Leben gehen, können für andere ein solches tröstendes, beglückendes Licht sein. Wussten Sie, dass Sie ein Licht in sich tragen, das mit dem Feuer des Himmels brennt? Deshalb sollte Ihr Leben auch anders aussehen als das von Menschen, die Gott noch nicht kennen. Man sollte an Ihrem Handeln ablesen können, dass Sie zu Gott gehören – und die Menschen sollten dadurch eine Ahnung davon bekommen, wie ihr himmlischer Vater ist. Sie sollten durch Sie gewissermaßen Gott sehen.

Wenn Sie mit Gott leben, sorgt der Heilige Geist dafür, dass Ihr Licht vor anderen leuchtet, damit die Menschen Ihre guten Taten und die Liebe Gottes in Ihnen sehen. Gott hat Ihnen dieses innere Licht geschenkt. Sie können es zu seiner Ehre leuchten lassen. Schließlich vertreibt ein kleines Licht eine große Finsternis.

Wenn einer
von dir
verlangt,
eine Meile
mit ihm zu gehen,
dann geh zwei
Meilen
mit ihm!

Matthäus 5,41

In der gesamten Bergpredigt gibt Jesus seinen Nachfolgern sehr klare und radikale Anweisungen. Zum Beispiel sollen wir „keine Minute [verlieren]“, um uns mit unserem Widersacher gütlich zu einigen (Matthäus 5,25); wir sollen „stillhalten und nicht zurückschlagen, wenn euch jemand eine Ohrfeige gegeben hat“ (Vers 39), und „wenn einer von dir verlangt, eine Meile mit ihm zu gehen, dann geh zwei Meilen mit ihm“ (Vers 41; Hfa). Solche Anweisungen haben seine Zuhörer zweifellos verwirrt.

Jesus fasste diese Anweisungen in dem Gebot zusammen: „Fangt an, eure Feinde zu lieben. Ja, betet selbst für die, die euch das Leben schwer machen“ (Vers 44). Als Jesus lebte, war Israel von den Römern besetzt, die das Volk unterdrückten. Römische Soldaten konnten zum Beispiel Juden willkürlich auf der Straße anhalten und sie zwingen, irgendetwas für sie zu tragen. Und nun sagte Jesus seinen Zuhörern, dass sie diese Feinde lieben und die ihnen auferlegten Lasten nicht nur eine, sondern sogar zwei Meilen tragen sollten!

Machen Sie sich bewusst, bei welchen Gelegenheiten Sie – im übertragenen Sinn – nach einer Meile stehen bleiben könnten, wenn man Sie um Hilfe gebeten hat. Denken Sie einmal darüber nach, ob Sie nicht auch die Extrameile gehen könnten, wohl wissend, dass das mit zusätzlicher Arbeit verbunden ist – vor allem wenn Sie jemandem helfen, mit dem Sie sich nicht gut verstehen.

Denn wenn ihr **liebt,**
die **euch lieben,**
was werdet ihr
für **Lohn** haben?

Matthäus 5,46

Menschen, die mit Jesus unterwegs sind, sollten anders handeln als diejenigen, die ihn nicht kennen. Sie sollten sonntags etwas anderes tun, mit ihrem Geld anders umgehen, aktuelle Ereignisse anders beurteilen und ein Mitgefühl und einen Frieden in sich tragen, die die Menschen überraschen. Aber manchmal ist die Versuchung groß, sich dem eigenen Umfeld anzupassen und nicht über den eigenen Glauben zu reden.

Vielleicht sind Sie dafür bekannt, dass Sie ein besonders liebenswürdiger Mensch sind. Aber Jesus macht in der Bergpredigt klar, dass Ihre Liebe zu anderen nichts Besonderes ist, wenn Sie nur diejenigen lieben, die Ihre Liebe erwidern. Jesus möchte etwas anderes von Ihnen: „Fangt an, eure Feinde zu lieben" (Vers 44). Und dann fährt er fort: „Ja, betet selbst für die, die euch das Leben schwer machen" (Vers 44). Sie sollten dafür bekannt sein, dass Sie auch mit denen liebevoll umgehen, die Sie schlecht behandeln.

Wer hat Sie in der letzten Zeit verletzt, beschimpft oder ausgenutzt? Wie würde es aussehen, wenn Sie diese Personen mit Wort und Tat lieben würden? Treffen Sie heute einmal bewusst die Entscheidung, einer dieser Personen mit Liebe zu begegnen. Fangen Sie mit kleinen Schritten an. Sie dürfen wissen, dass Gott sich über Ihren Gehorsam freut.

HÜTET
euch davor, eure
FRÖMMIGKEIT
vor den Menschen zur
SCHAU
zu stellen.

Matthäus 6,1

Warum arbeiten wir ehrenamtlich in einer Tafel mit, halten Kindergottesdienst, leiten eine Bibelstudiengruppe oder engagieren uns beim Roten Kreuz? Als Menschen, die wir mit Gott unterwegs sind, sollten wir Gutes tun und anderen dienen, um ihm zu gefallen. Und wenn er sich über uns freut, dann freuen wir uns wiederum über seine Anerkennung.

Manchmal bemerkt Ihr Umfeld das, was Sie für Gott tun, und schenkt Ihnen Bestätigung und Anerkennung für Ihren Dienst. Bei den Pharisäern, die zu Jesu Zeiten lebten, war das ganz ähnlich; sie liebten es, von den Menschen für ihre guten Taten gelobt zu werden. Aber bei Ihnen sollte das anders sein. Sie sollten nicht deshalb dienen, um bei den Menschen gut dazustehen. Nehmen Sie die Anerkennung der anderen demütig an – aber machen Sie sich vor allem bewusst, dass Gott diejenigen belohnen wird, die im Verborgenen Gutes tun. Das Lob der Menschen für Ihre „guten Taten" ist vergänglich, aber der Lohn Ihres himmlischen Vaters hat für alle Ewigkeit Bestand.

Ich wünsche Ihnen, dass Sie eine tiefe Zufriedenheit verspüren, wenn Sie Ihre Zeit, Ihr Geld und Ihre Gaben für Gott einsetzen – und das alles in dem Wissen, dass es in erster Linie darum geht, dass dies Gott gefällt und nicht den Menschen.

Unser Vater

im Himmel!
Dein Name werde geheiligt.
Dein Reich komme.
Dein Wille geschehe
wie im Himmel so auf Erden.
Unser tägliches Brot gib uns heute.
Und vergib uns unsere Schuld,
wie auch wir
vergeben unsern Schuldigern.
Und führe uns nicht in Versuchung,
sondern erlöse uns von dem Bösen.
Denn dein ist das Reich und die Kraft
und die Herrlichkeit in Ewigkeit.
Amen.

Matthäus 6,9–13

In der Bergpredigt gab Jesus seinen Nachfolgern eine Gebetsvorlage, um ihnen dabei zu helfen, im Gespräch mit Gott die richtigen Worte zu finden. Das Vaterunser ist aber auch heute noch eine wunderbare Vorlage für alle Christen, an der sie sich orientieren können, wenn ihnen das Beten schwerfällt.

Das Vaterunser beginnt damit, dass Sie Gott die Ehre geben und dafür beten, dass sein vollkommener Wille hier auf der Erde Wirklichkeit wird. Danach beten Sie für Ihre persönlichen Bedürfnisse und bitten Gott, Ihnen alles Lebensnotwendige zu geben (Nahrung, ein Dach über dem Kopf, Kleidung). Gott ist es aber auch wichtig, wie es in Ihnen aussieht. Deshalb sollten Sie ihn um Vergebung für Ihre Schuld bitten und darum, dass er Ihnen hilft, denen zu vergeben, die Sie wiederum verletzt haben. Und dann bitten Sie Gott auch noch, Sie vor Versuchungen und den Lügen des Teufels zu beschützen.

Wenn wir mit Gott sprechen, geht es aber nicht primär darum, die richtigen Worte zu sagen oder die beste Methode zu finden, um Gott zu gefallen. Beim Gebet geht es darum, mit Gott offen und ehrlich über das zu sprechen, was uns beschäftigt. Wenn Sie dem Schema folgen, das Sie im Vaterunser finden, wird sich Ihre Kommunikation mit Gott vertiefen.

Wo euer **Schatz** ist,
da wird auch
euer **Herz** sein.

Matthäus 6,21

Was wünschen Sie sich mehr als alles andere? Erfolg, Reichtum, Anerkennung oder die perfekte Familie? Jeder von uns hat bestimmte Ziele im Leben, und wenn wir sie erreichen, bringt uns das oft nicht nur Zufriedenheit, sondern auch die Anerkennung anderer ein.

Aber Jesus macht deutlich: „Sammelt hier auf Erden keine Schätze …“ (Vers 19). Stattdessen sollen seine Nachfolger ihre „Schätze im Himmel [stapeln]“ (Vers 20). Denn: Nichts und niemand kann Ihnen die Schätze rauben, die Sie im Himmel angesammelt haben. Ihre irdischen Schätze hingegen können Motten, Rost oder dem Zahn der Zeit zum Opfer fallen. Aber die Schätze, die Sie sammeln, wenn Sie Ihr Leben für Gott leben, werden ewig im Himmel bleiben.

Der Platz, an dem Ihr Schatz ist, ist auch der Ort, an dem Sie sich am liebsten aufhalten – nicht nur körperlich, sondern auch in Gedanken und in Ihrem Herzen. Wenn Sie himmlische Schätze ansammeln, wird Gott Ihr Herz aber schon jetzt mit Freude erfüllen. Doch das ist nicht immer einfach. Die Versuchung und der Druck, nach den Dingen zu streben, die in den Augen der Gesellschaft „Schätze“ sind, sind groß. Denken Sie daran, dass Gott versprochen hat, Ihnen alles zu geben, was Sie zum Leben brauchen, und er hält seine Versprechen immer. Richten Sie Ihre Anstrengungen also darauf, Schätze im Himmel zu sammeln – dann ist Ihr Leben erfüllt, und Sie machen Gott wirklich Ehre!

Niemand kann

ZWEI HERREN

gleichzeitig dienen.

Matthäus 6,24

Sie treffen tagtäglich zahllose Entscheidungen. Doch die eine Entscheidung, die alle anderen beeinflusst, ist, wem Sie dienen.

Jesus erinnert seine Nachfolger in der Bergpredigt daran, dass Gott in ihrem Leben nicht die zweite Geige spielen will. Wenn Sie ihm gefallen wollen, muss er das Wichtigste in Ihrem Leben sein. Ihm zu folgen und bewusst in seiner Gegenwart zu leben, sind Entscheidungen, die Sie tagtäglich treffen müssen. Selbst wenn Sie sich bewusst machen, dass er Ihnen in seinem Wort Sinn, Freude, Liebe und Frieden verspricht, kann die Stimme dieser Welt immer noch verlockend und die Liebe zum Geld trotzdem verführerisch sein. Aber Jesus weist an dieser Stelle darauf hin, dass Sie nicht zwei Herren gleichzeitig dienen können, denn Sie werden „sich für den einen einsetzen und den anderen vernachlässigen" (Vers 24). Entweder steht Gott an erster Stelle in Ihrem Leben oder etwas anderes. Sie haben die Wahl.

Machen Sie sich bewusst, dass Gott Ihnen eine Beziehung mit dem Schöpfer des Universums anbietet. Wenn Sie sich entscheiden, ihn an die erste Stelle in Ihrem Leben zu setzen, werden Ihnen die Versuchungen dieser Welt plötzlich weniger verlockend vorkommen. Es wird dann das Wichtigste in Ihrem Leben sein, so zu leben, dass Sie ihm Ehre machen.

Macht euch
Keine Sorgen
um euren
Lebensunterhalt,
um Nahrung
und Kleidung!

Matthäus 6,25

Ist Ihnen schon mal aufgefallen, dass das Gebot „Macht euch keine Sorgen um euren Lebensunterhalt“ direkt nach der Aussage von Jesus folgt, dass wir keinen „zwei Herren gleichzeitig dienen“ können? Wenn Sie sich wegen lebensnotwendiger Dinge Sorgen machen, auf wen setzen Sie dann Ihr Vertrauen – auf Gott oder das Geld? Wenn Sie merken, dass Sie sich immer wieder über dasselbe Sorgen machen, könnte es sein, dass Sie Gott nicht wirklich vertrauen.

Lassen Sie sich von dem ermutigen, was Jesus unmittelbar nach diesem Gebot sagte. Er erinnerte seine Jünger daran, dass Gott sogar für die vermeintlich unwichtigsten seiner Geschöpfe sorgt, nämlich die Vögel am Himmel und die Blumen auf dem Feld. Und wenn Gott sich um diese Lebewesen kümmert, dann doch bestimmt noch mehr für seine Kinder. Jesus forderte also seine Nachfolger auf, sich nicht länger über ihre Grundbedürfnisse Sorgen zu machen, sondern sich darum zu bemühen, ihre Beziehung zu Gott zu vertiefen.

Gott wird für Sie sorgen, ganz gleich, welche Person, Beziehung oder Situation Ihnen Sorgen bereitet. Wenn Sie ihn darum bitten, wird er Ihnen bewusst machen, in welcher Weise er Sie gerade versorgt – und er wird Sie daran erinnern, wie er sich auch in der Vergangenheit schon um Sie gekümmert hat. Wenn Sie Gott wirklich vertrauen, werden Sie merken, dass Sorgen viel weniger Raum in Ihrem Leben einnehmen.

Trachtet zuerst
nach dem
Reich Gottes
und nach seiner
Gerechtigkeit,
so wird euch das
alles zufallen.

Matthäus 6,33

Jesus sagt, dass wir uns nicht darüber Gedanken machen sollen, was wir essen und trinken und anziehen – dass wir uns um die Erfüllung unserer täglichen Bedürfnisse also keine Sorgen machen sollen. Denn wenn Gott sich sogar um Vögel und Blumen kümmert, dann wird er sich noch viel mehr um uns kümmern. Aber gleichzeitig meint Jesus damit nicht, dass wir uns um Essen, Trinken und Kleidung keine Sorgen machen sollen, weil wir sie nicht bräuchten. Er ermutigt uns vielmehr dazu, uns auf die Tatsache zu konzentrieren, dass er unser Leben in der Hand hat und für uns sorgen wird.

Jesus ermutigt Sie also dazu, ihm Ihr Leben ganz anzuvertrauen und sich darauf zu verlassen, dass er für die Nahrung und Kleidung sorgen wird, die Sie brauchen. Damit ist gemeint, dass Sie ihm dienen und so leben sollen, dass es ihm Ehre macht. Wenn Sie genau das tun, werden Sie merken, dass Sie sich weniger Gedanken darum machen, ob Ihre täglichen Bedürfnisse gestillt werden.

Gott verspricht, sich um das Lebensnotwendige zu kümmern, damit Sie frei sind, ein Leben zu führen, das Auswirkungen auf die Ewigkeit hat und ihm gefällt. Versuchen Sie doch einmal, Ihren Blick von Ihren Sorgen abzuwenden und ihn auf Gott zu richten. Sie werden merken, dass er Ihnen die Augen dafür öffnet, wie sehr er täglich für Sie sorgt.

BITTET GOTT,

und er wird euch geben!

SUCHT,

und ihr werdet finden!

KLOPFT AN,

und euch wird die Tür

GEÖFFNET!

Matthäus 7,7

Wir trennen oft Arbeit und Privatleben sauber voneinander. Aber Gott will nicht, dass wir ihn nur bei privaten oder bei beruflichen Dingen einbeziehen; er will nicht nur ein Sonntagsgott sein. Er will vom Aufwachen bis zum Einschlafen in jedem Augenblick des Tages Teil Ihres Lebens sein. Er will, dass Sie mit ihm im Gespräch bleiben und ihn in alle Lebensbereiche einbeziehen. Er ist Ihr himmlischer Vater, er liebt Sie und will für Sie sorgen.

Gott möchte, dass Sie ihn wirklich in jeden Bereich Ihres Lebens einbeziehen. Im heutigen Vers fordert Jesus Sie dazu auf, Gott offen von allem zu erzählen, was Sie beschäftigt, demütig um das zu bitten, was Sie brauchen, ihn bei Problemen um Hilfe zu bitten und immer wieder anzuklopfen – beständig zu beten –, damit er Sie mit dem segnen kann, was für Sie am besten ist.

Diese Aufforderung zeigt, wie sehr er sich wünscht, Teil Ihres Lebens zu sein. Ihr himmlischer Vater möchte jeden Bereich Ihres Lebens mit Liebe und Segen füllen.

Wenn ihr meine Worte
beherzigt
und danach handelt,
dann gleicht ihr einem
intelligenten Zimmermann,
der sein Haus auf einen
richtigen Felsen baut.

Matthäus 7,24

Jesus schloss die Bergpredigt damit ab, dass er seinen Zuhörern klarmachte, dass die Entscheidung bei ihnen lag: Würden sie sich dafür entscheiden, ihm und seinen Lehren zu folgen, oder würden sie das Gesagte ignorieren und an ihren bisherigen Denkmustern festhalten? Wer sich dafür entscheiden würde, Jesus zu folgen, würde auch seinen Segen empfangen.

Jesus verwendete dann ein Bild, das ihnen anschaulich vor Augen führte, was passiert, wenn man sein Leben auf ein schlechtes Fundament baut. Zuerst führte er ihnen die kluge Entscheidung vor Augen: Wer sein Leben auf den Lehren von Jesus aufbaut, ist wie jemand, der sein Haus auf Felsen baut. Menschen, die Jesus nachfolgen, haben ihr Leben auf einem stabilen Fundament aufgebaut; es gibt ihnen Halt, ganz gleich, welche Stürme über ihr Leben hinwegfegen. Anschließend zeigte er ihnen, was geschehen würde, wenn sie die falsche Entscheidung trafen: Wenn man das eigene Leben auf dem aufbaut, was in der Gesellschaft eine wichtige Rolle spielt, dann ist das, als baue man sein Haus auf Sand. Sobald es zu regnen beginnt, die Flut kommt und die Stürme des Lebens toben, wird das die Mauern des „Lebenshauses" zum Einsturz bringen.

Die Frage, die Jesus seinen Zuhörern stellte, gilt auch Ihnen: Werden Sie ihn zum Fels, zum Fundament Ihres Lebens machen – oder werden Sie Ihr Lebenshaus auf einem anderen Fundament aufbauen?

Die **Ernte** ist groß,
aber es gibt nur
wenige **Arbeiter.**

Matthäus 9,37

Während er auf dieser Erde lebte und wirkte, reiste Jesus in viele Städte und Dörfer und traf die unterschiedlichsten Menschen mit den verschiedensten Problemen. In Matthäus 9,36 heißt es, dass Jesus Mitleid hatte, als er diese Menschen sah, denn er wusste, dass sie erschöpft und hilflos waren, „wie Schafe, die keinen Hirten haben". Jesus wusste, dass er den Menschen die Botschaft von Gottes Liebe bringen musste, wenn sie ein erfüllendes Leben führen und die Ewigkeit bei ihrem himmlischen Vater verbringen sollten. Deshalb wies Jesus seine Nachfolger darauf hin, wie wichtig es ist, die Menschen mit der Botschaft von Gottes Liebe bekannt zu machen.

Und diese Aufforderung gilt auch Ihnen. Auch Sie sollen die Gute Nachricht verbreiten, sollen anderen davon erzählen, wie es ist, ihm das eigene Leben anzuvertrauen, und mutig erklären, warum alle einen Retter brauchen. Bitten Sie Gott, Ihnen den Mut zu schenken, von Ihrer Liebe zu Jesus zu erzählen und ein „Erntehelfer" zu sein. Und dann vertrauen Sie darauf, dass der Heilige Geist Ihnen die Kraft und die richtigen Worte schenkt, um anderen zu erzählen, was es bedeutet, Hand in Hand mit demjenigen durchs Leben zu gehen, der gestorben ist, damit alle Menschen Gottes Liebe erfahren und ewiges Leben haben können.

Der Geist
eures Vaters
im Himmel
wird euch das
ins Herz legen,
was ihr
sagen sollt.

Matthäus 10,20

Niemand will wegen seines Glaubens verfolgt werden. Aber in dieser Welt führt die Entscheidung, für die Wahrheit einzustehen – also von Gott zu erzählen und davon, was Jesus für uns getan hat –, oft dazu, dass andere uns das Leben schwer machen. Das war schon zu Jesu Zeiten so, und deshalb hat Jesus dieses Thema auch angesprochen.

Im 10. Kapitel des Matthäusevangeliums wird davon berichtet, dass Jesus seine zwölf Jünger beruft und ihnen den Auftrag gibt, die Gute Nachricht zu den Juden zu bringen. Gleichzeitig warnt er sie aber auch davor, dass eine ganze Menge Menschen das Gesagte ablehnen und ihnen das Leben schwer machen würden. Männer, die vorher Fischer gewesen waren oder andere, eher einfache Berufe ausgeübt hatten, fühlten sich von diesem Gedanken natürlich eingeschüchtert. Würden sie die richtigen Worte finden, um ihren Glauben zu verteidigen?

Vielen Christen geht es heute ähnlich: Sie fürchten, dass ihre Worte nicht überzeugend genug sind, und reden deshalb nie mit anderen über ihren Glauben.

Aber Jesus sagte seinen Jüngern: „… der Geist eures Vaters im Himmel wird euch das ins Herz legen, was ihr sagen sollt." Wenn Sie für die Wahrheit einstehen wollen, dann bitten Sie den Heiligen Geist um Hilfe, und vertrauen Sie darauf, dass Gott Ihnen zur Seite steht. Jesus hat versprochen: „Ihr werdet die richtigen Worte parat haben" (Vers 19). Wenn es so weit ist, wird Gott Ihnen die richtigen Worte geben und auch die Kraft, sie auszusprechen.

Was ich euch
im **Dunkeln** sage,
das gebt
am helllichten **Tag**
weiter!

Matthäus 10,27

In unterschiedlichen Situationen muss man unterschiedliche Strategien anwenden. Zu Beginn seines öffentlichen Wirkens sagte Jesus den Menschen oft, sie sollten nicht verraten, wer er war. Aber jetzt war die Zeit reif für eine andere Strategie. Es war Zeit, offen die Wahrheit darüber zu verkünden, wer er war.

Dieser Abschnitt ist die Fortsetzung der Aussendung seiner zwölf Jünger. Noch einmal warnte er sie vor der Verfolgung, die sie erwartete, wenn sie das Evangelium predigten. Aber er fügte hinzu: „Lasst euch … nicht einschüchtern“ (Vers 26), denn die Feinde des Evangeliums können nur dem Körper etwas anhaben, aber nicht der Seele (Vers 28). Dann erinnerte Jesus seine Jünger daran, wie wertvoll sie in Gottes Augen waren und dass er immer bei ihnen sein würde. Deshalb sollten sie die Gute Nachricht offen und überall predigen.

Auch heute noch macht man Christen oft das Leben schwer, wenn sie von ihrem Glauben erzählen. Aber machen Sie sich trotzdem bewusst, dass Sie Gottes Botschafter sind – durch das, was Sie sagen, und das, was Sie tun. Er will, dass Sie seine Gute Nachricht mutig und furchtlos weitergeben. Bitten Sie Gott, Ihnen den Mut zu schenken, Ihr Licht leuchten zu lassen, um die Menschen auf Jesus hinzuweisen.

Wer sich vor den
MENSCHEN
zu mir
BEKENNT,
zu dem werde ich mich
auch vor meinem
VATER
im Himmel
BEKENNEN.

Matthäus 10,32

Wenn wir das Wort „bekennen“ hören, denken wir oft an „Sünden bekennen“. Das ist auch eine mögliche Bedeutung. Aber in dem Kontext, in dem Jesus dies zu seinen zwölf Jüngern sagte, bedeutet „bekennen“ so viel wie zu erklären, dass man zu etwas oder zu jemandem gehört.

Jedes Mal, wenn jemand öffentlich für die Gute Nachricht einsteht, erzählt Jesus dem Vater von der Treue und dem Glauben dieser Person. Angesichts von Verfolgung ist es allerdings nicht immer leicht, sich für Jesus einzusetzen. Manchmal könnte man so einigen Schwierigkeiten aus dem Weg gehen, indem man jede Verbindung zu Jesus leugnet. Aber Jesus warnte davor, dies zu tun: „Wie aber soll ich zu jemandem stehen, der vorgibt, mit mir nichts zu tun zu haben?“ (Vers 33). Die Warnung ist klar: Wenn jemand hier auf der Erde leugnet, dass er Jesus kennt, wird Jesus sich auch am Tag des Gerichts nicht zu dieser Person bekennen.

Wenn Sie sich nicht sicher sind, ob Sie sich auch dann noch zu Jesus bekennen werden, wenn man Ihnen das Leben schwer macht, dann lesen Sie noch einmal das Versprechen, das Jesus in Vers 20 gibt. Der Heilige Geist wird durch Sie sprechen. Bitten Sie Gott um den Mut, sich trotzdem zu Ihrer Beziehung zu Jesus zu bekennen, wenn man Ihnen das Leben schwer macht, weil Sie zu ihm gehören.

Wer sich an sein Leben
klammert,
der wird es verlieren.
Wer aber sein Leben
für mich aufgibt,
der wird es für immer
gewinnen.

Matthäus 10,39

Dieser Vers ist paradox – hier verbirgt sich eine Wahrheit in einem offensichtlichen Widerspruch. Wie kann jemand sein Leben verlieren, wenn er sich daran klammert, und jemand, der bereit ist, es aufzugeben, wird es gewinnen? Ist das nicht unmöglich? Aber Jesus erklärte, was er damit meinte: Wer sein Leben auf dieser Welt für das Wichtigste hält und sich ganz darauf konzentriert, für diese Welt zu leben und für alles, was sie zu bieten hat, wird das ewige Leben verlieren, das Jesus ihm anbietet. Im Gegensatz dazu wird derjenige, der sein Leben nicht damit zubringt, allem nachzujagen, was diese Welt zu bieten hat, sein Leben – gemessen an den Maßstäben dieser Welt – verlieren, aber Gott wird ihm das ewige Leben schenken. Bei näherem Hinsehen zeigt sich, wie wahr die Aussage hinter diesem scheinbaren Widerspruch ist.

In dem Moment, in dem Sie Jesus als Ihren Herrn und Retter annehmen, kommen Sie in den Genuss dieses ewigen Lebens. Wenn Sie Ihr Leben auf Gottes Reich ausrichten und Ihr Herz von seiner Liebe überfließt, können Sie sich selbst gewissermaßen verlieren, aber Sie werden Dinge gewinnen, die in der Ewigkeit zählen. Und das ist die weitaus bessere Art zu leben, sagt Jesus.

Kommt her zu mir,
alle, die ihr mühselig
und beladen seid;
ich will euch
erquicken.

Matthäus 11,28

Mit diesen Worten wandte Jesus sich an Menschen, die unter der Last der jüdischen Gesetzlichkeit litten. Sie mühten sich ab, sich den Weg in den Himmel zu verdienen, indem sie die strengen Regeln einhielten, die die Pharisäer und Schriftgelehrten aufgestellt hatten. Da man praktisch vollkommen sein musste, um deren Interpretation des mosaischen Gesetzes einzuhalten, bestand keine Aussicht, dass sie jemals innerlich und äußerlich zur Ruhe kommen würden. Stellen Sie sich vor, was sie wohl empfanden, als Jesus diese Einladung aussprach!

Heute spricht Gott noch die gleiche Einladung aus. Jesus lädt Sie ein, zu ihm zu kommen, wenn Sie körperlich und geistlich erschöpft sind, und er verspricht, dass er Ihnen Ruhe schenken wird. Er bietet Ihnen an, gemeinsam mit ihm unterwegs zu sein, damit Sie von ihm lernen können, während er Sie führt. Und dann verspricht Jesus Ihnen, Ihrer Seele Ruhe zu schenken. Jesus hat Mitgefühl mit Ihnen und bietet Ihnen Hoffnung an und dass er Ihnen die Lasten abnehmen wird, die Sie bedrücken. Eindringlich lädt er Sie ein, zu ihm zu kommen, damit Ihre Seele Ruhe findet.

Welche Sorgen bedrücken Sie gerade? Nehmen Sie nicht eine Minute lang an, dass Sie diese Last allein tragen müssen! Geben Sie sie an Jesus ab, und lassen Sie sich von ihm die Ruhe schenken, nach der Sie sich sehnen.

Denn der Menschensohn ist Herr über den Sabbat.

Matthäus 12,8

Den jüdischen Religionsführern war das Gesetz, das Gott ihnen gegeben hatte, sehr wichtig, und sie kannten es in- und auswendig. Allerdings hatten sie auch noch viele Regeln hinzugefügt, um sicherzustellen, dass treue Gläubige nicht aus Versehen eines von Gottes Geboten übertraten, wie zum Beispiel das Gebot, den Sabbat als Ruhetag zu achten.

Das 12. Kapitel des Matthäusevangeliums fängt damit an, dass Jesus und seine Jünger am Sabbat durch Kornfelder gehen. Weil die Jünger hungrig waren, pflückten sie einige Getreideähren und aßen die Körner. Als die Pharisäer das sahen, gingen sie zu Jesus und debattierten mit ihm darüber, dass man am Sabbat nicht arbeiten dürfe – selbst dann nicht, wenn man hungrig war. Jesus erinnerte die Pharisäer daraufhin daran, dass David und seine Männer das Brot im Tempel gegessen hatten (was verboten war), als sie hungrig gewesen waren, aber Gott hatte ihn deshalb nicht verurteilt, weil David einen guten Grund dafür gehabt hatte.

Gott hatte seinem Volk nicht etwa deshalb befohlen, am Sabbat nicht zu arbeiten, weil er ihnen das Leben schwer machen wollte, sondern damit sie sich wirklich einmal einen Tag lang ausruhen konnten, und Jesus rückte das falsche Verständnis der Pharisäer wieder zurecht. Wenn man irgendwelche sinnlosen Regeln befolgt, nutzt das nicht wirklich etwas. Bitten Sie Gott um Weisheit, wie Sie den Sabbat am besten ehren können.

Wer in seinem Leben

DEN WILLEN MEINES VATERS TUT,

der ist mein Bruder,
meine Schwester
und meine Mutter.

Matthäus 12,50

Als Jesus vor einer große Menschenmenge sprach, berichtete ihm jemand, dass seine Mutter, Maria, und seine Brüder ihn sprechen wollten. Jesus unterbrach seine Predigt jedoch nicht, sondern gab zurück: „Wer, glaubst du, sind meine Mutter und meine Brüder?“ (Vers 48). Jesus nutzte die Gelegenheit, um allen klarzumachen, dass es für ihn als Sohn Gottes und als makelloses Opferlamm, das für die Vergebung der Sünden der gesamten Menschheit sterben würde, nicht so wichtig war, Zeit mit seiner irdischen Familie zu verbringen. Seine eigentliche Familie, erklärte er, waren diejenigen, die so leben, wie es Gott gefällt.

Jesus hatte vor allem eine Aufgabe zu erfüllen: seinem himmlischen Vater zu dienen und so zu leben, wie es seinem Willen entsprach. Das Gleiche gilt auch für die Menschen, die ihm nachfolgen wollen. Natürlich sind unsere biologischen Familien wichtig, aber wer sich dafür entscheidet, Gott zu dienen und seinen Willen zu tun, der ist – um es mit den Worten von Jesus zu sagen – unser Bruder, unsere Schwester und unsere Mutter.

Denken Sie einen Augenblick über Ihre Familie nach. Danken Sie Gott für jedes einzelne Familienmitglied, aber danken Sie ihm auch dafür, dass er Sie in seine Familie aufgenommen hat, was weitaus wichtiger ist.

Die Herrschaft Gottes
ist wie ein
Schatz,
der seit vielen Jahren
in einem Feld verborgen ist.

Matthäus 13,44

Jesus vermittelte seine Botschaft oft mithilfe von Gleichnissen. In seinen Gleichnissen verwendete er häufig Beispiele aus dem Alltag, zu denen seine Zuhörer einen Bezug hatten. Das Gleichnis, das er hier erzählte, berichtete von dem Opfer, das Christen bereit sein müssen, für Gott zu bringen. Jesus erzählte von einem Mann, der im Acker einen vergrabenen Schatz entdeckte. Überglücklich verkaufte er alles, was er besaß, damit er diesen Acker kaufen konnte.

Der Schatz, von dem in diesem Gleichnis die Rede ist, steht für Gottes Reich. Als der Mann Gott gewissermaßen „entdeckt" hatte, gab er bereitwillig alles her, was er besaß, nur um diesen Schatz zu bekommen. Der Mann erkannte den Wert von Gottes Reich und auch, welche lebensverändernde Chance sich vor ihm auftat. Er wusste, was er zu tun hatte, und setzte seinen Plan, ohne zu zögern, in die Tat um.

Das ist ein aussagekräftiges Bild, das auch heute noch zu uns spricht. Sind Sie bereit, alles zu geben, was Sie haben – all Ihre Zeit und alle Mittel? Gottes Reich ist unendlich wertvolle und die Belohnung, die er uns verspricht, hat in alle Ewigkeit Bestand. Genau wie der Mann im Gleichnis sollten Sie danach streben, alles voller Freude in Gottes Reich zu investieren.

Wer zu mir gehören will,
darf nicht mehr
sich selbst in den

Mittelpunkt

stellen, sondern muss
sein Kreuz auf sich nehmen
und mir nachfolgen.

Matthäus 16,24

Die Kreuzigung war eine brutale und unglaublich grausame Todesart, die die Römer perfektioniert hatten. Wer ans Kreuz genagelt wurde, wurde durch den Blutverlust zunehmend schwächer. Um Luft holen zu können, musste er sich an seinen von Nägeln durchbohrten Händen hochziehen und mit den festgenagelten Füßen hochstemmen. Diese Anstrengung war zermürbend, und der Gekreuzigte erstickte schließlich.

Dieses Bild des Kreuzes verwendete Jesus, als er davon sprach, was es bedeutet, ein Leben mit ihm zu leben. Er vermittelt, was es bedeutet, sein Leben zu „verlieren" und so zu leben, wie Jesus es vorgelebt hat und wie seine Jünger es ihm nachmachen sollten. Als er auf dieser Erde lebte, unterstellte sich Jesus dem Willen seines Vaters, und das sollen wir auch tun. Wenn wir Jesus unseren Retter und Herrn nennen, wenn wir seine Einladung annehmen und ihm nachfolgen, wird sein Wille für unser Leben wichtiger als unsere eigenen Wünsche. Wir müssen bereit sein, alles zu opfern, um ihm zu folgen.

Jesus verspricht nicht, dass Ihr Leben frei sein wird von Problemen, aber er gibt Ihnen nicht nur die Kraft, alles zu ertragen, mit dem Sie konfrontiert werden, sondern er schenkt Ihnen auch die tröstende Gewissheit, dass er immer an Ihrer Seite ist.

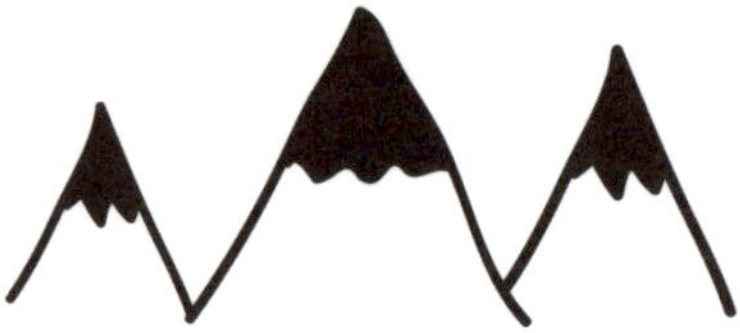

Wenn euer Glaube
nur so groß ist wie ein
Senfkorn,
könnt ihr
zu diesem Berg sagen:
„Rücke von hier nach dort!“,
und es wird geschehen.

Matthäus 17,20

Glaube ist lebenswichtig, wenn man Christ sein will. Wenn Sie Jesus nachfolgen wollen, dann gehört dazu, dass Sie darauf vertrauen, dass er Ihnen Ihre Schuld vergeben hat, dass er für alles sorgt, was Sie brauchen, und Ihnen ewiges Leben schenkt. Aber nicht bei jedem ist der Glaube immer gleich stark.

Jesus sagte seinen Jüngern, wenn ihr Glaube nur so groß sei wie ein Senfkorn, könnten sie Berge versetzen. Das Bild, das Jesus hier benutzt, stammt aus der jüdischen Literatur, sodass es seinen Zuhörern vertraut war. Der Vergleich steht für etwas scheinbar Unmögliches. Aber für Gott ist alles möglich. Jesus bemerkte, dass der Glaube seiner Jünger auf schwachen Beinen stand, und forderte sie mit diesem Vergleich heraus, trotz ihres schwachen Glaubens etwas vermeintlich Unmögliches zu versuchen – aber er wusste, dass ihr Glaube wachsen würde, wenn sie sahen, wie Gott eingriff.

Ihr Glaube an Gott wird wachsen, wenn Sie beschließen, ihm zu vertrauen. Und wenn Sie die Ereignisse festhalten, bei denen Gott eingegriffen hat, kann das Ihren Glauben noch weiter wachsen lassen.

Welche „Berge" hat Gott in Ihrem Leben schon versetzt?

Wer nun sich selbst

ERNIEDRIGT

und wird wie dieses

KIND,

der ist

DER GRÖSSTE

im Himmelreich.

Matthäus 18,4

Während seines gesamten Wirkens wies Jesus immer wieder darauf hin, wie wichtig Demut ist. Demut bedeutet, dass man keine überhöhte Meinung von sich selbst hat und nicht zu oft an sich selbst denkt. Damit uns das gelingt, sollten wir unseren Blick immer wieder bewusst auf Gott richten, den Schöpfer und Erhalter unseres Lebens. Wenn Sie die Berge, das Meer oder die Sterne betrachten, kann Ihnen das helfen, über die Majestät und Größe von Gottes Macht zu staunen. Gleichzeitig werden Sie erkennen, wie winzig Ihre eigene Kraft dagegen ist.

Jesus sagte, dass Sie wie ein Kind vor Gott treten müssen, wenn Sie in sein Reich kommen wollen. Kinder haben oft mehr Glauben als Erwachsene, weil sie noch nicht so viel erlebt haben. Entsprechend sollten auch Sie mit einem so offenen und vertrauensvollen kindlichen Herzen an Gott glauben und von ihm lernen.

Kinder vertrauen so lange, bis sie auf schmerzvolle Weise lernen, nicht zu vertrauen. Gott ist jedoch zutiefst vertrauenswürdig. Er hält nicht nur alles ein, was er uns versprochen hat, sondern ändert sich niemals – er wird immer heilig sein und Ihnen voll Mitgefühl begegnen. Ihr demütiger, kindlicher Glaube an Gott wird niemals enttäuscht werden, weil er Sie niemals im Stich lassen wird.

Wo zwei oder drei
in meinem Namen
versammelt sind,
da bin ich

mitten unter ihnen.

Matthäus 18,20

In der Bibel lesen wir wieder und wieder, dass Gott immer bei seinen Kindern ist. Er hat versprochen, sie niemals zu verlassen. Zur Zeit des Alten Testaments waren die Stiftshütte und der Tempel der Ort, an dem Gott „greifbar“ gegenwärtig war. Als Christen haben wir heute den Heiligen Geist, der in uns lebt, und wir können seine Gegenwart in unserem Leben spüren.

Es gibt Zeiten, in denen man die Gegenwart Gottes besonders stark spüren kann. Zum Beispiel nicht nur dann, wenn man in der Stille allein mit ihm ist, sondern auch, wenn man ihn gemeinsam mit anderen anbetet. Deshalb sollten Christen regelmäßig zusammenkommen, um Gott anzubeten, damit sie Gottes Gegenwart gemeinsam erleben können.

Das bedeutet nicht, dass man Gottes Gegenwart nur bei der Anbetung in großen Versammlungen spüren kann. Jesus selbst hat versprochen: Wo zwei oder drei seiner Nachfolger zusammen sind, ist er bei ihnen. Gott ist auch dann gegenwärtig, wenn sich kleine Gruppen von Gläubigen zum Gebet oder Bibelstudium treffen. Machen Sie sich bewusst, was Jesus Ihnen versprochen hat – dass er bei Ihnen ist –, wenn Sie sich mit anderen Christen treffen.

Was Gott zusammen-
gefügt hat,
soll der Mensch
nicht trennen.

Matthäus 19,6

Im 19. Kapitel des Matthäusevangeliums wird davon berichtet, dass einige Pharisäer zu Jesus kamen, um ihm eine Falle zu stellen. Sie stellten ihm Fragen zum Thema „Ehescheidung“ und ob diese zulässig sei; schließlich bewillige das mosaische Gesetz die Scheidung. Jesus verwies sie auf das 1. Buch Mose: Als Gott die Ehe im Garten Eden gewissermaßen einführte, brachte er Adam und Eva auf geheimnisvolle göttliche Weise zusammen. Durch diese symbolische körperliche Einheit wurden die beiden „ein Fleisch“, und Gott wollte, dass sie sich ein Leben lang aneinander banden. Jesus fügte dann noch hinzu, dass jeder, der sich von seiner Frau trennt und eine andere heiratet, in Gottes Augen Ehebruch begeht, es sei denn, seine Frau hat ihn betrogen.

Die Institution der Ehe ist Gott heute noch genauso wichtig. Noch wichtiger als die lebenslange Verbindung von Mann und Frau ist allerdings die Gegenwart von Jesus in der Ehe. In Prediger 4,12 heißt es: „Ein Seil aus drei Schnüren reißt nicht so schnell!“ Christen haben die Möglichkeit, Gott zu dieser dritten Schnur zu machen. Wenn er Teil der Verbindung ist, wird man als Ehepaar mit den Anforderungen, den unvermeidlichen Stürmen und den täglichen Herausforderungen des Lebens viel besser fertig.

Wenn du
vollkommen sein
willst,
geh, **verkaufe** alles,
was du hast,
und gib den **Erlös** den
Armen,
und du wirst
einen **Schatz**
im **Himmel** haben.

Matthäus 19,21

An anderer Stelle im 19. Kapitel des Matthäusevangeliums wird davon berichtet, dass ein reicher junger Mann zu Jesus kam und ihn fragte, was er tun müsse, um ewiges Leben zu bekommen. Der junge Mann war stolz darauf, dass er die Gebote seit seiner Kindheit gehalten hatte, und er war sich sicher, dass er vor Gott gut dastand. Aber Jesus sagte ihm, er solle alles verkaufen, was er besaß, das Geld den Armen geben und ihm nachfolgen. Leider wandte sich der reiche junge Mann daraufhin von Jesus ab. Er war nicht bereit, all seinen Besitz aufzugeben.

Man kommt in den Genuss des ewigen Lebens, wenn man die Einladung von Jesus annimmt und bereit ist, jeden Preis zu zahlen, um ihm nachzufolgen. Wenn Sie seinem Ruf folgen, schenkt er Ihnen geistliche Zufriedenheit; wenn Sie ihm nicht folgen, werden Sie sich auf Dauer innerlich leer fühlen. Wenn Sie auf seine Einladung antworten, wird er Sie mit Freude erfüllen; wenn Sie es nicht tun, werden Sie weiterhin nach geistlicher Zufriedenheit suchen.

Denken Sie einmal darüber nach, was Sie aufgeben mussten, um Jesus nachzufolgen. Sie können vermutlich bestätigen, dass die Belohnung weitaus größer war als der Preis, den Sie dafür zahlen mussten. Wenn Sie Jesus nachfolgen, kommen Sie in den Genuss der Beziehung, für die Gott Sie geschaffen hat. Wenn Sie sich dafür entscheiden, Jesus nachzufolgen, werden Sie in geistlicher Hinsicht lebendig werden, und Gott wird Sie mit seinen Segensgeschenken überschütten, während Sie Ihren Lebensweg Hand in Hand mit Jesus gehen.

Eher geht
ein Kamel
durch ein
Nadelöhr,
als dass ein
Reicher
in Gottes Reich
kommt.

Matthäus 19,24

Dieser Ausspruch folgt gleich nach der Begegnung zwischen Jesus und dem reichen jungen Mann. Als der junge Mann gegangen war, erklärte Jesus auf etwas überzogene Weise, wie schwer es für reiche Menschen ist, ewiges Leben zu bekommen. Das bedeutet nicht, dass reiche Menschen nicht in den Himmel kommen können. Abraham, David und Salomo waren sehr reich, weil Gott sie sehr gesegnet hatte. Aber Jesus wusste auch, dass diejenigen, denen es sehr gut geht, oft nicht erkennen, dass sie Gott brauchen.

Die meisten Menschen wünschen sich, unabhängig und selbstständig zu sein. Das ist an sich nichts Schlechtes – außer, die Ursache dieses Verlangens sind Stolz und die Überzeugung, dass man auch ohne Gottes Hilfe erfolgreich sein kann. Ein gut gefülltes Bankkonto oder ein einträglicher Job können diesen Drang noch verstärken, und das wiederum kann Menschen zu der irrigen Annahme verleiten, dass sie Gott nicht brauchen. Bis sie in einer schweren Krise stecken.

Jesus weiß, dass Reichtum Sie von Gottes Reich ablenken kann. Deshalb sollten Sie Ihre Aufmerksamkeit auf ihn richten, Sie sollen ihm vertrauen und nicht den Annehmlichkeiten dieser Welt.

Der Menschensohn
ist nicht gekommen,
um sich bedienen zu lassen,
sondern um zu dienen
und sein Leben
als
Lösegeld
für alle Menschen
hinzugeben.

Matthäus 20,28

Die Mutter von Jakobus und Johannes bat Jesus darum, dass ihre Söhne zu seiner Rechten und Linken sitzen würden, wenn er seine Herrschaft angetreten hatte. Die übrigen Jünger waren über diese Bitte natürlich wütend, und deshalb hielt Jesus ihnen einen Vortrag darüber, dass es in seinem Reich darum geht, anderen zu dienen. Im 20. Kapitel des Matthäusevangeliums sind diese Worte festgehalten.

Wenn es unter Ihrer Würde ist, sich selbst zurückzustellen und anderen zu dienen, dann ist Führung nichts für Sie. Denn genau das hat Jesus gelebt und gelehrt: dienende Führung. Wenn jemand ein guter Leiter sein will, muss er oder sie ein demütiger Diener sein.

Jesus ist der König der Könige und der Herr der Herren, und trotzdem kam er auf diese Erde, um zu dienen. Sein Dienst hatte viele verschiedene Formen – er lehrte, heilte Menschen und gab schließlich sein Leben für die Menschen. Jesus übte seine Herrschaft nicht dadurch aus, dass er die jüdischen Führer oder die römischen Soldaten, die sich ihm entgegenstellten, bezwang. Und er lebte auch nicht so, wie es seinen Wünschen entsprach, sondern er lebte nach Gottes Willen. Das ist auch der Grund, warum Jesus bereit war, am Kreuz sein Leben zu geben – durch diesen äußersten Liebesdienst gab er Gott die Ehre und führte uns zum Vater zurück.

Wenn Sie dem Vorbild von Jesus folgen wollen, dann werden Sie zum Diener.

LIEBE

den Herrn, deinen Gott,

von ganzem

HERZEN,

mit deiner ganzen

SEELE

und mit deinem ganzen

DENKEN!

Matthäus 22,37

Bei einer Gelegenheit kam ein Gesetzeslehrer zu Jesus und fragte ihn, welches denn das wichtigste Gebot sei. Jesus antwortete mit dem nebenstehenden Ausspruch. Dieses Gebot und das Gebot, das gleich danach folgt – „Liebe andere genauso, wie du dich liebst“ (Vers 39) –, fassen im Grunde die Zehn Gebote sowie alle mosaischen Gesetze und die Aussagen der Propheten zusammen.

Jesus sagt, dass Sie Gott von ganzem Herzen, mit ganzer Hingabe und mit Ihrem ganzen Verstand lieben sollen. Das bedeutet, dass Ihr gesamtes Wesen ihm hingegeben sein soll. Es geht ihm darum, dass Sie Gott in allem, was Sie sagen und tun, an die erste Stelle setzen sollen. Gott zu lieben heißt, Sie lassen sich seiner Führung anvertrauen und dass Sie ihn mit jedem Gedanken, jedem Wort und jeder Tat ehren.

Sie sollen Gott aber auch dadurch ehren, dass Sie das zweite Gebot halten. Sie sollen Ihre Nächsten so behandeln, wie Sie selbst behandelt werden möchten – liebevoll, freundlich, nachsichtig und höflich. Wenn Sie – mit Gottes Hilfe – so leben, zeigen Sie anderen, wie sehr Jesus sie liebt.

Wie oft habe ich
mich danach
gesehnt,
deine Kinder
in die Arme
zu nehmen, genauso,
wie eine Henne
ihre Küken unter
ihren Flügeln
versammelt.

Matthäus 23,37

Die Juden waren Gottes auserwähltes Volk, und Jesu Wirken hier auf der Erde sollte vor allem den Juden die Erlösung bringen. Als Gottes auserwähltes Volk ihn ablehnte, war Jesus sehr traurig. Er fasste seine Traurigkeit in dem Satz zusammen: „Wie oft habe ich mich danach gesehnt, deine Kinder in die Arme zu nehmen, genauso, wie eine Henne ihre Küken unter ihren Flügeln versammelt …" Jesus wusste, wie oft die Juden die Wahrheit über ihn, ihre Schuld und Gottes Vergebung schon gehört hatten. Aber genauso, wie sie in der Vergangenheit die Worte der Propheten ignoriert hatten, lehnten die Juden auch die Botschaft von Jesus ab.

Aus seinen Worten geht hervor, wie sehr er Jerusalem liebte. Jesus sehnte sich danach, Gottes Volk davor zu bewahren, vom richtigen Weg abzukommen und falsche Entscheidungen zu treffen. Er wollte sie in sein Reich führen. Aber die Juden waren nicht bereit, Jesus und seiner rettenden Botschaft Beachtung, geschweige denn Glauben zu schenken.

Vielleicht ist es Ihnen ja schon einmal ähnlich ergangen, und Sie waren auch eine Zeit lang nicht bereit, auf Jesus zu hören. Oder vielleicht kennen Sie Menschen, die im Moment nicht bereit sind, seiner Botschaft Beachtung zu schenken. Sie wünschen sich so sehr, dass diese Menschen Jesus kennenlernen – und Jesus wünscht sich das noch mehr als Sie. Er möchte alle unter seinen Flügeln versammeln. Beten Sie heute einmal für diejenigen, die Gottes rettende Gnade brauchen.

Dann werden
alle den Menschensohn
in unvorstellbarer
Herrlichkeit
auf den Wolken
des Himmels
kommen sehen.

Matthäus 24,30

Das 24. Kapitel des Matthäusevangeliums enthält die sogenannte Predigt auf dem Ölberg. Diese enthält Prophetien über zukünftige Ereignisse und die letzten Tage. In den Versen 29 bis 31 beschreibt Jesus seine Wiederkehr auf sehr lebendige Weise: An jenem Tag wird sich die Sonne verfinstern, und die Sterne werden vom Himmel fallen. Wenn die ganze Welt ihn in seiner Herrlichkeit kommen sieht, werden die Menschen, die nichts von ihm wissen wollten, jammern und klagen. Aber die Menschen, die ihm nachgefolgt sind, werden von den Engeln in sein ewiges Reich geholt: „Unter gewaltigem Posaunengeschmetter wird [Jesus] seine Engel aussenden; sie werden die von Gott Erwählten aus allen vier Himmelsrichtungen zusammenholen" (Vers 31).

Wenn Jesus wiederkehrt, werden alle Menschen erkennen, wer er wirklich ist. Viele haben glücklicherweise schon erkannt, dass er der Herr der Geschichte und der Herrscher über alles ist. Viele von uns werden zu jenen Auserwählten gehören, die die Engel versammeln. Aber andere haben seine Frohe Botschaft noch nicht gehört oder glauben nicht daran, dass Jesus der Sohn Gottes ist. Wenn sie sich nicht vor diesem Tag des Gerichts dafür entscheiden, Jesus nachzufolgen, werden sie in alle Ewigkeit von ihm getrennt sein.

Denken Sie einmal über die Ereignisse nach, die im 24. Kapitel des Matthäusevangeliums beschrieben werden. Denken Sie auch an die Menschen, die Gottes Gute Nachricht erst noch hören müssen. Welche Möglichkeiten haben Sie, ihnen davon zu erzählen?

Seid also

WACHSAM!

Denn ihr wisst nicht,
an welchem Tag
euer Herr kommt.

Matthäus 24,42

In diesem Abschnitt wird die Ölberg-Predigt fortgesetzt. Jesus sagt, dass er eines Tages „auf den Wolken des Himmels" wiederkommen wird (Vers 30). Aber niemand – noch nicht einmal er selbst – weiß, wann das sein wird. (Auch wenn es paradox klingt: Das ändert nichts an der Tatsache, dass Jesus allwissend ist, macht aber deutlich, dass wirklich nur der Vater weiß, wann das sein wird.) Obwohl die Menschen schon seit Jahrhunderten auf unterschiedlichste Weise versuchen, den Zeitpunkt seiner Widerkehr herauszufinden, gilt noch heute: Er wird zu einem Zeitpunkt kommen, an dem es niemand erwartet. Christen sollen daher in ständiger Bereitschaft leben und mit ihrem Leben Gott verherrlichen.

Aber natürlich kommt es auch vor, dass das Leben von Christen von Gefühlen, Vergnügungen oder Pflichten beherrscht wird und ihre Beziehung zu Gott in den Hintergrund tritt. Wenn sie merken, dass dies geschieht, sollten sie sich bewusst machen, wie viel Grund zur (Vor-)Freude sie haben. Und wie wichtig es ist, dass sie denen das Evangelium bringen, die noch nicht für die Wiederkehr Jesu bereit sind.

Leben Sie in dem Bewusstsein, dass Jesus einmal wiederkommt? Wenn ja, haben Sie die richtigen Prioritäten gesetzt. Bitten Sie Gott, dass er Ihnen hilft, wachsam und für die bevorstehende Wiederkehr seines Sohnes bereit zu sein.

Gut gemacht,

mein guter
und treuer Diener.

Matthäus 25,21

Jesus erzählte das Gleichnis von einem reichen Mann, der verreisen wollte und vorher seinen Verwaltern Geld anvertraute. Einem der Männer gab er fünf Zentner Silbergeld, einem anderen zwei und einem dritten einen Zentner. Der Unternehmer ging dann auf eine längere Reise, und als er zurückkam, wollte er sehen, was seine Angestellten mit dem Geld gemacht hatten. Er stellte fest, dass die ersten beiden Verwalter das Geld investiert und Gewinn erwirtschaftet hatten. Aber der dritte hatte das Geld lediglich in einem sicheren Versteck aufbewahrt. Der reiche Mann lobte die ersten beiden Verwalter, aber er bestrafte den dritten, weil der sich keine Mühe gegeben hatte, mit dem Geld zu wirtschaften.

Jesus verdeutlichte hier, dass Gott jedem von uns andere Talente oder Verantwortlichkeiten in seinem Reich gibt. Gott gibt uns auch unterschiedlich viel Verantwortung, denn er weiß, wie viel wir bewältigen können. Und wie wir mit den Gaben umgehen, die Gott uns gegeben hat – wie wir mit der Zeit, dem Geld und den Fähigkeiten umgehen, die er uns anvertraut hat –, wird ausschlaggebend dafür sein, ob wir eines Tages die Worte „Gut gemacht!“ von ihm hören.

Denken Sie darüber nach, welche Gaben Gott Ihnen geschenkt hat. Bitten Sie ihn darum, Ihnen dabei zu helfen, ein besserer Verwalter dieser Gaben zu werden, damit Sie ein treuer Diener Gottes sein können.

Wachet
und betet,
dass ihr nicht in
Anfechtung fallt!
Der Geist ist willig;
aber das Fleisch
ist schwach.

Matthäus 26,41

Unmittelbar vor seiner Festnahme war Jesus mit seinen Jüngern im Garten Gethsemane. Er wollte einige Zeit allein beten und gab seinen Jüngern die nebenstehende Anweisung, bevor er ein paar Schritte weiterging. Als er allein war, bat er seinen Vater, ihn vor der Kreuzigung zu bewahren. An diesem Punkt hatten die Jünger die Gelegenheit, Jesus im Gebet zu unterstützen. Aber Jesus kam dreimal zu ihnen zurück und fand sie schlafend vor. Als er ihre Unterstützung gebraucht hätte, ließen sie ihn im Stich.

Jesu Worte gelten seinen Nachfolgern auch heute noch. Christen sollten jederzeit wachsam sein, denn „der Teufel schleicht wie ein hungriger Löwe um euch herum und sucht nach jemandem, den er verschlingen könnte“ (1. Petrus 5,8). Wachsam und standhaft zu sein ist etwas, das alle Christen tun sollten.

Paulus weist in seinem Brief an die Thessalonicher darauf hin, dass Christen auch nicht aufhören sollen, mit Gott zu reden und ihm für alles zu danken (1. Thessalonicher 5,17). Wenn sie auf diese Weise die ständige Gemeinschaft mit Gott suchen, wird ihnen das dabei helfen, den richtigen Weg nicht aus den Augen zu verlieren.

Bleiben Sie wachsam, und sprechen Sie oft mit Gott, egal, wie die Umstände sind oder wie Sie sich fühlen.

Darum geht zu allen
VÖLKERN
und macht die
MENSCHEN
zu meinen
JÜNGERN.

Matthäus 28,19

Das Matthäusevangelium schließt mit einem direkten Aufruf zum Handeln. Unmittelbar bevor er in den Himmel zurückkehrte, traf sich Jesus mit den übrig gebliebenen elf Jüngern. Er wies sie an, zu allen Völkern zu gehen und alles dafür zu tun, dass die Menschen ihm nachfolgen. Dann versprach Jesus ihnen, unablässig bei ihnen zu sein, wenn sie seine Gute Nachricht verbreiteten.

Gott will, dass Sie den Segen, den er Ihnen schenkt, mit anderen teilen. Und der Missionsbefehl ist das perfekte Beispiel dafür. Sie sollen Menschen aus allen Nationen von ihm erzählen – und das dürfen Sie vertrauensvoll in dem Bewusstsein tun, dass Jesus bei Ihnen ist.

Ihre Aufgabe ist es, ein treuer Botschafter der Wahrheit über Jesus zu sein. Erzählen Sie von seinem Tod, seiner Auferstehung, seiner Liebe zu den Menschen, seinen Lehren, seinen Geboten und dass er einmal zurückkehren wird. Gott wird in den Herzen derjenigen wirken, denen Sie von seiner Guten Nachricht erzählen. Und sein Heiliger Geist wird ihnen ihre Schuld bewusst machen und ihnen dabei helfen, sein Rettungsangebot anzunehmen.

Gott wird Ihnen auch die nötige Kraft und den Mut schenken, die Botschaft vom Evangelium weiterzugeben. Sie brauchen nie Angst zu haben, dass Sie allein sind, wenn Sie die Gute Nachricht verbreiten. Er wird bei Ihnen sein, wo auch immer Sie sind, und wird Ihnen helfen, alle Völker zu ihm zu führen.

Die Zeit ist erfüllt,
und das Reich Gottes
ist nahe herbeigekommen.
Tut Buße
und glaubt an das
Evangelium!

Markus 1,15

Das Markusevangelium fängt im Eiltempo an. In den ersten dreizehn Versen deckt Markus das Wirken von Johannes dem Täufer, die Taufe Jesu und seine Versuchung in der Wüste ab. Danach berichtet Markus, wie Jesus sein öffentliches Wirken begann und dass er nach Galiläa ging, um „den Menschen eine großartige Botschaft mitzuteilen" (Vers 14). In seiner Botschaft forderte er alle auf, ihr Denken zu ändern und auf das zu vertrauen, was er ihnen sagte. Und an diesem Aufruf hat sich bis heute nichts geändert. Er will, dass Menschen ihre Schuld erkennen, dass sie ihr Denken ändern, daran glauben, dass er der Sohn Gottes ist, dass sie den Heiligen Geist empfangen und ewiges Leben haben.

Wenn er die Menschen aufruft, ihr Denken zu ändern, bedeutet das, dass sie sich von ihren Sünden abwenden und ihr Leben ändern sollen. Hier geht es um mehr als nur darum, etwas zu bedauern. Es geht darum, die Fehler zu erkennen, sich von der Sünde abzuwenden und nie wieder zu seinem alten Leben zurückzukehren. Paulus schreibt in seinem Brief an die Gemeinde in Korinth: „Wenn jemand zu Christus gehört (also ihn als seinen Herrn und Erlöser angenommen hat), dann ist er eine neue Schöpfung. Das Alte ist vergangen, es ist wirklich etwas ganz Neues entstanden" (2. Korinther 5,17). Die Entscheidung für Jesus verlangt eine völlige Veränderung Ihres Herzens und Ihres Verhaltens. Wenn Sie dem Aufruf von Jesus zur Buße folgen, werden Sie für immer verändert sein.

Wenn jemand
hören will,
wird er auch hören.

Markus 4,23

Wenn Sie Kinder haben, wissen Sie, was „selektives Hören“ ist. Ein Kind hört oft nur das, was es hören will. Die Folge ist – im besten Fall –, dass die Eltern frustriert sind. Aber je nach dem, was gesagt wurde, kann das Nichthörenwollen sehr unangenehme Konsequenzen haben.

Selektives Hören kann auch ein Problem sein, wenn es um die Gute Nachricht geht. Jesus rief alle, ein offenes Ohr für die Gute Nachricht zu haben und auch wirklich danach zu leben. Eines Tages werden unsere tiefsten Geheimnisse ans Licht kommen. Diese Erkenntnis ist so gravierend, dass Sie beschließen könnten, Ihr Fehlverhalten zu verdrängen und so weiterzuleben wie bisher. Aber wenn Sie beschließen, sich wirklich mit der Guten Nachricht zu beschäftigen – und bereit sind, Ihre eigenen Vorstellungen vom Leben loszulassen –, dann werden Sie Gottes liebevollen Ruf vernehmen, den Sie vielleicht schon viel früher gehört hätten, wenn Sie es gewollt hätten.

Unsere Welt ist so laut, dass es uns manchmal schwerfällt, Gottes Stimme zu hören. Der Feind kann uns dazwischenfunken, und auch unser Wunsch, selbstständig und frei zu sein, macht uns manchmal taub. Doch wenn Sie dies wirklich wollen, wird Gott Ihnen Ohren schenken, die seine Stimme hören können.

„SEI STILL!
Schweig!"
SOFORT
legte sich der
STURM,
und es wurde
GANZ STILL.

Markus 4,39

Am Ende eines Tages, der ganz im Zeichen des Dienstes an den Menschen in Kapernaum gestanden hatte, beschloss Jesus, mit seinen Jüngern in einem Boot auf die andere Seite des Sees Genezareth zu fahren. Da er müde war, legte Jesus sich hin und schlief ein. Unterdessen kam ein Sturm auf, der so stark war, dass er sogar den erfahrenen Fischern an Bord Angst machte, Männer, die mit Wasser, Wind und Wellen vertraut waren. Aber der Sturm war nicht so heftig, dass er Jesus geweckt hätte.

Ich weiß nicht, ob sie wollten, dass Jesus wach war, wenn das Boot unterging, oder ob sie wirklich hofften, dass er vielleicht etwas dagegen unternehmen könnte, jedenfalls weckten die Jünger ihren Lehrer: „Jesus stand auf, gebot dem Wind Einhalt und befahl dem See: ‚Sei still! Schweig!'" Sofort legte sich der Wind und der See wurde ganz glatt. Da verwandelte sich die Angst der Jünger in Ehrfurcht vor der großen Macht von Jesus, dem sogar Wind und Wellen gehorchten. Jesus hingegen rügte die Jünger dafür, dass sie ihm nicht wirklich vertrauten.

Der, der den Sturm auf dem See Genezareth gestillt hat, kann auch jeden Sturm stillen, der gerade in Ihrem Leben tobt. Wenden Sie sich an ihn, wenn die Wogen der Angst und der Sturm der Ungewissheit Sie zu überwältigen drohen. Und er wird auch heute noch sagen: „Sei still! Schweig!"

Jesus aber sprach
zu ihm:
Alle Dinge
sind
möglich
dem,
der da glaubt.

Markus 9,23

Wenn Sie Jesus von ganzem Herzen vertrauen, ist wirklich alles möglich. Wie die Erfahrung des Vaters zeigt, von dem Markus im 9. Kapitel seines Evangeliums berichtet, ist alles möglich, auch wenn Ihr Glaube unvollkommen ist.

In dieser Geschichte geht es um einen Mann, der zu Jesus kam und ihn bat, seinen Sohn von einem bösen Geist zu befreien. Der Mann hatte bereits die Jünger von Jesus gebeten, den Geist auszutreiben, aber sie waren nicht dazu in der Lage gewesen. Als Jesus den Jungen zu sich bringen ließ, bekam dieser Krämpfe und hatte Schaum vor dem Mund. Trotzdem sagte Jesus: „Alles ist dem möglich, der glaubt." Da rief der Vater sofort: „Ich vertraue dir ja – hilf mir doch, meinen Unglauben zu überwinden!" (Vers 24), woraufhin Jesus den Jungen heilte.

Diese Bitte des Vaters kann auch die Ihre sein, und sie ist vielleicht der Rettungsring, wenn Sie gerade untergehen. Und für die Wahrheit, die Jesus dann noch hinzufügte, gilt dasselbe: „Alles ist dem möglich, der glaubt." Hier ist von Ihrem Glauben die Rede, wenn Sie zu Gott beten. Aus der Bibel geht deutlich hervor, dass Sie voller Vertrauen zu Gott kommen müssen, um zu bekommen, worum Sie ihn bitten. Das bedeutet nicht, dass Sie immer bekommen, was Sie wollen, oder dass Sie es sofort erhalten. Aber Sie können darauf vertrauen, dass Gottes Wille gut und sein Zeitplan perfekt ist und dass er Ihnen antworten wird.

Wer mich aufnimmt,

der nimmt damit
Gott selbst auf,
der mich gesandt hat.

Markus 9,37

Als sie auf dem Weg nach Kapernaum waren, hörte Jesus, wie sich die Jünger darüber stritten, wer von ihnen der Bedeutendste sei. Jesus kommentierte diese Diskussion mit den Worten: „So, jeder von euch möchte also an erster Stelle stehen? Dann nehmt den letzten Platz ein. Seid der Diener von allen“ (Vers 35). Und damit es auch wirklich jeder verstand, fuhr er fort: „Wer immer ein Kind aufnimmt, weil er zu mir gehört, der nimmt mich auf“ (Vers 37). Wenn man im Reich Gottes wirklich groß sein will, muss man die Haltung eines Dieners haben.

Jesus wollte, dass seine Jünger allen dienten, sogar Menschen mit einer so geringen gesellschaftlichen Stellung wie Kinder. Menschen, die mit Jesus unterwegs sind, müssen also bereit sein, anderen zu dienen, auch wenn das niemand mitbekommt. Sie müssen die Bereitschaft haben, Aufgaben zu erledigen, die sonst niemand erledigen will.

Und schließlich, so sagte Jesus, nimmt derjenige, der ein Kind in seinem Namen aufnimmt, nicht nur ihn, sondern sogar den Vater auf. Gott sandte seinen Sohn in diese Welt, damit dieser sein Leben gab, wodurch unsere Schuld vergeben werden konnte. Um Gottes Rettungsangebot anzunehmen, müssen die Menschen ihr Leben seinem Sohn anvertrauen. Dazu braucht es ein demütiges Herz, das bereit ist, seine Worte nicht nur zu hören, sondern auch danach zu leben.

Ein Kennzeichen Ihres Glaubens ist Ihre Bereitschaft, anderen zu dienen. Bitten Sie Gott, Ihnen das Herz eines Dieners zu schenken, damit Sie auch den Geringsten in unserer Gesellschaft dienen können.

Aber viele,
die jetzt die
Ersten sind,
werden dann
die Letzten sein,
und die
Letzten werden
die Ersten sein.

Markus 10,31

Diese Worte sagte Jesus nach der Begegnung mit dem reichen jungen Mann. Er hatte ihm mitgeteilt, wenn er ewiges Leben bekommen wollte, sollte er alles verkaufen, was er besaß, und das Geld den Armen geben. Doch dazu war der junge Mann nicht bereit. Nachdem er gegangen war, machte Jesus seinen Jüngern deutlich, dass diejenigen, die ihm nachfolgen wollen, bereit sein müssen, alles für ihn aufzugeben.

Gott will, dass Sie ganz anders leben als die Menschen, die ihn nicht kennen. Wenn Sie seiner Einladung folgen und demütig dienen, werden Sie nicht im Rampenlicht stehen. Sie werden bei denen sein, die niemand beachtet – bei Witwen und Waisen, bei Armen und Obdachlosen, bei Kranken und Gefangenen. In unserer Gesellschaft gelten vor allem diejenigen etwas, die sportliche Höchstleistungen vollbringen, die auf der Leinwand oder im Fernsehen zu sehen sind, in den Bestsellerlisten auftauchen oder viel Geld verdienen. In der Meinung unserer Gesellschaft stehen sie ganz oben, aber in Gottes Reich stehen sie – je nachdem, ob sie zu ihm gehören oder nicht – ganz unten.

Andererseits sind jene Nachfolger von Jesus, die Gefangene besuchen, am Bett der Alten und Vergessenen sitzen, die in der Suppenküche mithelfen und für benachteiligte Kinder da sind, in Gottes Reich die Ersten. Sie haben beschlossen, ihrem Herrn gehorsam zu sein und zu seiner Ehre den Menschen zu dienen.

Wenn ihr betet,
dann
vergebt
zuerst allen,
gegen die ihr einen
Groll hegt.

Markus 11,25

Jesus machte deutlich, wenn sie durch das Gebet direkten Zugang zu Gott haben wollten, dann mussten sie zuerst denen vergeben, die sie verletzt hatten. Wenn sie nicht bereit waren, anderen zu vergeben, wie konnten sie da erwarten, dass Gott ihnen vergab?

Gott hat uns die Gebote nicht gegeben, um uns unser Leben schwer zu machen, sondern um uns dabei zu helfen, ein möglichst gutes Leben zu führen. Das gilt auch für sein Gebot, anderen zu vergeben. Es klingt ganz einfach, aber je nachdem, was uns angetan wurde, wer es uns angetan und welche Folgen es hat, kann Vergebung sehr schwer sein.

Aber Vergebung kann auch sehr befreiend sein. Wenn Sie anderen vergeben, legen Sie damit die schwere Last der Verbitterung, Wut und zerbrochener Beziehungen ab. Das bedeutet nicht, dass die andere Person nicht die Konsequenzen ihres Handelns tragen muss, aber Sie selbst müssen sich nicht länger damit belasten. Vergebung beseitigt aber auch das Hindernis zwischen Ihnen und Gott. Es ermöglicht Ihnen, seine Vergebung für das zu empfangen, was Sie getan haben.

Sie sind tagtäglich von unzähligen Menschen umgeben, die alles andere als fehlerlos sind. Sie werden also immer wieder verletzt werden und Vergebung gewähren müssen, und Sie werden auch selbst andere verletzen. Gott will, dass Sie durch das Gebet freien Zugang zu ihm haben und dass Sie denen vergeben, die Ihnen unrecht getan haben, ist der Schlüssel dazu.

Du sollst deinen Nächsten lieben wie dich selbst.

Markus 12,31

Hat sich schon mal jemand nach Ihrem Glauben erkundigt – aber nur, weil er ein Streitgespräch vom Zaun brechen wollte? Aber vielleicht hatten Sie auch schon theologische Diskussionen mit Menschen, die tatsächlich an der Bibel interessiert waren.

Im 12. Kapitel des Markusevangeliums wird berichtet, dass einige Sadduzäer mit der gleichen feindseligen Haltung und Engstirnigkeit zu Jesus kamen, die Sie vielleicht auch selbst schon erlebt haben. Doch kurz darauf kam ein Schriftgelehrter zu Jesus, der wirklich auf der Suche nach Antworten war: „Welches ist das bedeutendste aller Gebote?" (Vers 28).

Jesus antwortete mit den ersten beiden Geboten: Gott zu lieben mit ganzem Herzen, ganzer Seele, ganzem Verstand und ganzer Kraft und seinen Nächsten so freundlich und liebevoll zu behandeln, wie man selbst behandelt werden möchte. Der Schriftgelehrte pflichtete ihm bei, und Jesus sagte, dieser Schriftgelehrte sei „nur einen Schritt davon entfernt, Gottes Herrschaft zu erleben" (Vers 34).

Wenn Sie mit anderen liebevoll umgehen, befolgen Sie das zweite Gebot und sind auch dem ersten Gebot gehorsam. Es ist vielleicht nicht immer einfach, andere zu lieben, aber der Heilige Geist kann Ihnen zeigen, wie Sie durch Ihr Handeln und Ihre Worte anderen vermitteln können, wie sehr Jesus sie liebt.

Alle anderen gaben so,
dass sie es
kaum spürten;
sie aber gab ganz
außergewöhnlich viel –
nämlich alles,
was sie besaß.

Markus 12,44

Jesus war mit seinen Jüngern beim Tempel und beobachtete gemeinsam mit ihnen, wie die Leute Geldspenden in den Opferkasten legten. Sie sahen, dass viele reiche Menschen die Aufmerksamkeit der Menge auf sich zogen, wenn sie ihre Beträge gaben. Aber dann sahen sie eine arme Witwe, die nur zwei kleine Münzen in den Opferkasten legte. Aber anstatt diejenigen zu loben, die große Summen gegeben hatten, lobte Jesus die arme Witwe.

Ist es nicht ein Segen, dass Jesus vor allem auf die Haltung sieht, mit der wir etwas geben? Dass er unser Opfer betrachtet und nicht den Betrag, den wir geben? Wenn er nur dem Betrag Beachtung geschenkt hätte, hätte Jesus sicher nicht die Witwe gelobt, die nur zwei kleine Münzen in den Opferkasten gelegt hatte. Aber diese beiden Münzen der Witwe waren für Jesus viel mehr wert als die Gaben der Reichen. Die Witwe hatte nämlich alles gegeben, was sie besaß, und hatte so ein echtes Opfer gebracht.

Folgen Sie dem Beispiel der Witwe, wenn Sie etwas von Ihren finanziellen Mitteln geben, und geben Sie großzügig und von Herzen.

Wer aber
bis ans Ende
STANDHAFT
bleibt,
wird gerettet.

Markus 13,13

Wir finden diesen Vers in der Predigt auf dem Ölberg im Markusevangelium, als Jesus prophezeite, dass seine Jünger schwerer Verfolgung ausgesetzt sein würden. Daher würde es auch zu Spaltungen zwischen seinen Jüngern und den Menschen kommen, die nichts von ihm wissen wollen. Jesus erlebte diese Spaltung sogar in seiner eigenen irdischen Familie (nachzulesen in Johannes 7,5) und sagte seinen ersten Jüngern: „Da wird ein Sohn gegen seinen Vater aussagen, eine Tochter ihre Mutter ins Gefängnis bringen, eine Schwiegertochter von der Schwiegermutter an Gerichte ausgeliefert werden. Wohlmeinende Familienmitglieder können eure ärgsten Feinde werden" (Matthäus 10,35–36).

Diese Spaltungen, so erklärte Jesus, würden immer deutlicher, je näher das Ende käme. „Rechnet damit, dass es Zeiten geben wird, in denen ein Bruder den anderen und ein Vater seine Kinder den Henkern ausliefert und Kinder ihre Eltern in den Tod schicken" (Markus 13,12). Überall auf der Welt würden Christen selbst von ihren eigenen Familien verfolgt werden. „Alle Welt wird euch hassen, weil ihr euch zu mir bekennt" (Vers 13; Hfa).

Wegen Ihres Glaubens verfolgt zu werden wird nie leicht sein, aber Gott wird Ihnen Kraft schenken und Sie führen. Und Jesus verspricht, dass Sie gerettet werden, wenn Sie ihm treu bleiben und an Ihrer Liebe zu ihm festhalten.

Über den genauen Zeitpunkt [wann Jesus wiederkommen wird,] kann ich euch nicht mehr sagen. Niemand kennt ihn, nicht einmal die Engel des Himmels, ja nicht einmal der Sohn. Nur der Vater kennt die Stunde.

Markus 13,32

Diese Aussage machte Jesus ebenfalls im Rahmen seiner Predigt auf dem Ölberg. Er sagte, dass es in den letzten Tagen Erdbeben, Hungersnöte, falsche Lehrer, Kriege und Kriegsgerüchte geben wird, und „Nationen werden andere Nationen bekämpfen" (Verse 7–8). Menschen, die zu Jesus gehören, werden verhaftet und misshandelt werden und müssen ihren Glauben vor geistlichen und weltlichen Führern und Herrschern verteidigen.

Dann verriet Jesus ein paar Einzelheiten über seine Rückkehr: „Das ist der Augenblick, in dem der Menschensohn für alle sichtbar auf diese Erde zurückkehrt – völlig anders als bei seinem ersten Kommen. Diesmal wird seine Ankunft den ganzen Himmel ausfüllen" (Verse 25–26). Diese Ereignisse werden der Wiederkunft von Jesus vorausgehen, wenn er zurückkehrt, um sein ewiges Reich zu errichten. Aber Jesus sagte nicht, wann er zurückkommen würde. Wie der heutige Vers zeigt, wusste nicht einmal Jesus, wann das sein würde.

Deshalb sollten Sie wachsam sein. Es sollte Sie motivieren, die Gute Nachricht von der Liebe Jesu an diejenigen weiterzugeben, die noch nichts davon gehört haben. Und die Gewissheit, dass er wiederkommen wird, sollte Ihnen Mut machen, wenn Sie Ihren Glauben verteidigen müssen.

Nehmt, das ist

MEIN LEIB …

Das ist

MEIN BLUT –

das Zeichen des

NEUEN BUNDES

mit Gott –, das für viele

MENSCHEN

vergossen wird.

Markus 14,22.24

„Das ist mein Leib … Das ist mein Blut …“ Diese Worte sind das Herzstück des Abendmahls. Wenn Sie Brot und Wein zu sich nehmen, dann denken Sie dabei an den blutenden, geschundenen Leib Jesu, der für Sie gebrochen wurde, als er den Zorn des heiligen Gottes am Kreuz auf sich nahm.

Als Jesus mit seinen Jüngern im Obergemach zusammen aß, nahm er einen Becher voll Wein und sagte: „Das ist mein Blut.“ Damit sagte er voraus, dass sein Blut am Kreuz vergossen würde, Blut, das an jenes erste Passahfest in Ägypten erinnerte und auch an die zahllosen Tieropfer, die Israel seither dargebracht hatte. Als Jesus auf Golgatha starb, wurde das vollkommene Opferlamm Gottes geschlachtet, das Opfer, das für die Sünde der Welt nötig war. Dieses Opfer bereitete den Weg dafür, dass die Menschen wieder mit Gott versöhnt werden können.

Dank dem Opfer von Jesus können Sie jetzt vor Gottes Thron treten und ihm dafür danken, dass er seinen Sohn gesandt hat, damit er für Ihre Sünden stirbt. Sie können ihn um Vergebung bitten, können Ihren himmlischen Vater loben und anbeten, Ihre Bitten vor ihn bringen und ihn bitten, Sie zu führen, bis Sie bei ihm in der Ewigkeit sein werden.

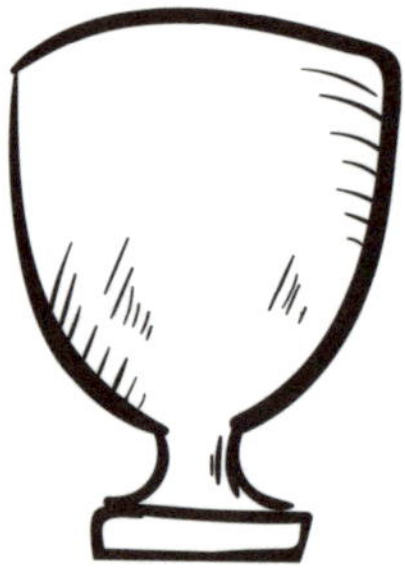

Doch soll jetzt nicht
das geschehen,
was ich will, sondern
was du willst.

Markus 14,36

Es werden Zeiten kommen, in denen Ihr Glaube an Gott auf die Probe gestellt wird. Ein tragisches Ereignis lässt Sie Gottes Güte infrage stellen, oder Sie sind frustriert, weil er so lange braucht, um Ihre Gebete zu beantworten. In solchen Lebenssituationen müssen Sie lernen, Gott zu vertrauen und daran zu glauben, dass er diese Situationen zu Ihrem Besten wenden wird.

Genau in dieser Situation befand sich Jesus im Garten Gethsemane, nachdem er mit seinen Jüngern das Obergemach verlassen hatte. Jesus wusste, dass ihm der Tod am Kreuz bevorstand. Die Zeit war gekommen, sein Leben für die Sünden der Welt zu opfern. Als er betete, sagte Jesus seinem Vater, dass er nicht am Kreuz sterben wollte, aber er war bereit, sich dem Willen des Vaters zu beugen – selbst wenn das seinen Tod bedeutete. Dass Jesus sich dem Willen des Vaters beugte, zeigt, wie groß seine Liebe zu ihm war.

Sollten Sie je in eine Situation kommen, in der Ihre Hingabe an Gott auf dem Prüfstand steht, dann bitten Sie Gott um die Kraft, sich trotz allem seinem guten und vollkommenen Willen zu beugen – auch wenn Sie ihn nicht verstehen.

Mein Gott, mein Gott,
warum hast du mich
verlassen?

Markus 15,34

Es war so weit: Jesus musste den Kelch trinken, von dem er im Garten Gethsemane gebetet hatte, er möge an ihm vorübergehen. Kurz nachdem er sein Gebet beendet hatte, wurde er von römischen Soldaten verhaftet und zu Pontius Pilatus gebracht. Um die aufgebrachte Menschenmenge zu beruhigen, verurteilte Pilatus Jesus zum Tod, obwohl er ihn eigentlich nicht für schuldig befinden konnte. Schließlich führten die Soldaten Jesus nach Golgatha und nagelten ihn dort ans Kreuz. In seiner dunkelsten Stunde, mit den Sünden der ganzen Welt – jedes Menschen zu jeder Zeit – auf seinen Schultern, rief Jesus: „Mein Gott, mein Gott, warum hast du mich verlassen?“

Diese Worte können einen verfolgen, ja, sie können einem eine Gänsehaut über den Rücken jagen. Vielleicht hatten Sie auch schon einmal das Gefühl, dass Gott Sie verlassen hat. Gott ließ schließlich zu, dass sein eigener Sohn an Ihrer Stelle unschuldig bestraft wurde. Aber Gott verließ seinen Sohn in dieser Situation nicht; er ließ ihn von den Toten auferstehen. Durch das Opfer von Jesus und Gottes Macht haben Sie das Geschenk des ewigen Lebens bekommen.

Leben Sie dankbar und demütig angesichts dieser großen Liebe. Seien Sie bereit, sich von Gott gebrauchen zu lassen, um anderen von seiner lebensverändernden Liebe zu erzählen.

Gottes Geist

erfüllt mich.

Lukas 4,18

Das Sprichwort „Ein Prophet gilt nichts im eigenen Land" spiegelt die Erfahrung vieler Menschen wider – auch die von Jesus. Nachdem er seinen Dienst in Galiläa begonnen hatte, besuchte Jesus wie so oft davor die Synagoge in seiner Heimatstadt Nazareth. Jemand gab ihm eine Schriftrolle mit Auszügen aus dem Buch des Propheten Jesaja, und er las einen Abschnitt daraus vor, mit dem die Juden sehr vertraut waren – eine Prophetie, die den Messias beschrieb. Jesus beendete seine Lesung mit den Worten: „Heute hat sich die Heilige Schrift vor euren Augen erfüllt" (Vers 21). Er machte damit ohne jeden Zweifel deutlich, dass er für sich in Anspruch nahm, der Messias zu sein.

Anfangs staunten die Leute über das, was er lehrte, aber in seiner Heimatstadt war man für seine Botschaft alles andere als offen. Eine wütende Menge trieb ihn aus der Synagoge und aus der Stadt hinaus. Die Bürger von Nazareth konnten nicht akzeptieren, dass der Sohn eines einheimischen Zimmermanns der lang ersehnte Messias sein sollte.

Jesus wollte den Menschen in seiner Heimatstadt dienen, und er will auch heute noch die Verlorenen in sein Reich führen. Wenn Sie anderen von Jesus erzählen, kann es passieren, dass Sie selbst von Menschen, die Sie eigentlich gut kennen, abgelehnt werden. Wenn das passiert, dann denken Sie daran, dass Jesus auch Ablehnung erfuhr, sich davon aber nicht abhalten ließ.

Ich bin nicht
gekommen,
um Fromme
noch frommer zu
machen, sondern um
Menschen,
die weit von Gott
entfernt sind,
in seine
Nähe
zu bringen.

Lukas 5,32

Weil sie spürten, dass ihr Status und ihre Macht gefährdet waren, stellten die Schriftgelehrten und Pharisäer das, was Jesus sagte und tat, immer wieder infrage. So wollten sie von ihm wissen – nachdem Jesus bei Levi, einem Zöllner, zu Abend gegessen hatte –, warum er mit Zolleintreibern und Sündern aß. Die Schriftgelehrten und Pharisäer hätten nie öffentlich Umgang mit Menschen gehabt, die am Rand der Gesellschaft standen. Jesus antwortete geradeheraus: Menschen, die krank sind, brauchen einen Arzt (Vers 31).

Jesus übertrug dieses medizinische Prinzip auf die geistliche Gesundheit der Menschen. Diejenigen, die sich ihrer Schuld bewusst waren, hörten Jesu Botschaft von Umkehr, Vergebung und Freiheit von Sünde. Die gesetzestreuen Schriftgelehrten und Pharisäer dagegen waren zwar geistlich gesehen genauso krank und sündig, aber sie erkannten es nicht – oder wollten es nicht erkennen.

Urteilen Sie nicht so vorschnell wie die Schriftgelehrten und Pharisäer, wenn Sie Menschen sehen, deren Leben mit Jesus oder deren Anbetung Gottes anders aussieht als bei Ihnen. Und bemühen Sie sich, für die Menschen am Rand unserer Gesellschaft, die die heilende Botschaft von Umkehr und Vergebung hören müssen, nicht blind zu sein.

Glücklich

schätzen
könnt ihr euch,
wenn euch
die Menschen hassen ...
... weil ihr zum
Menschensohn gehört.

Lukas 6,22

Die Seligpreisungen sollen Menschen, die leiden und niedergeschlagen sind, neuen Mut schenken und ihnen helfen, ihr Leben aus einer göttlichen Perspektive zu betrachten. Werfen wir nur einmal einen Blick auf diesen Vers und den verwirrenden Missklang, mit dem er beginnt: Auf den ersten Blick fällt es Ihnen vermutlich schwer, glücklich darüber zu sein, wenn Menschen Sie hassen, weil Sie zu Jesus gehören. Aber Jesus verspricht in den Seligpreisungen, dass Sie genau dazu Grund haben.

Falls andere Ihnen wegen Ihrer Hingabe an Jesus das Leben schwer machen, dann denken Sie daran, dass Sie sich in guter Gesellschaft befinden. Jesus erlebte Ablehnung und Hass, und die Glaubenshelden des Neuen Testaments – Stephanus, Petrus, Paulus und andere – wurden ebenfalls verfolgt, ja, die Menschen trachteten ihnen sogar nach dem Leben. Von Beginn an wurden die Mitglieder der ersten Gemeinde verfolgt, Tausende von Christen starben als Märtyrer für die Gute Nachricht. Sie stehen mit Ihrem Leid und Ihren Problemen also nicht allein da.

Aber diese Seligpreisung bei Lukas endet mit einem Versprechen: „Ihr könnt euch nicht vorstellen, wie groß euer Lohn im Himmel sein wird“ (Vers 23). Halten Sie sich an dieser Wahrheit fest! Denken Sie daran, dass Jesus bei Ihnen ist und Sie eines Tages in der Ewigkeit bei ihm sein werden.

RICHTET NICHT,
und ihr werdet
nicht gerichtet werden.
VERURTEILT NICHT,
und ihr werdet
nicht verurteilt werden.
SPRECHT FREI,
und ihr werdet
freigesprochen werden.

Lukas 6,37

Diese Predigt von Jesus beinhaltet Lehren, die das praktische Leben als Christ betrifft. In Lukas 6,37–38 finden wir vier ganz klare Anweisungen: „Vermeidet es, Menschen zu richten, denn dann werdet auch ihr nicht gerichtet werden. Verurteilt niemanden, dann werdet auch ihr niemals verurteilt werden. Wenn ihr vergebt, wird euch im gleichen Maß vergeben, und wenn ihr gebt, werdet ihr mehr als reichlich zurückerhalten." Alle diese Anweisungen handeln davon, wie Christen mit anderen Menschen umgehen und dass sie Gott mit ihrer Zeit, ihren Gaben und ihrem Besitz ehren sollen. Jesus macht deutlich: Mit dem Maß, mit dem wir diese Gebote befolgen, werden wir auch eines Tages gemessen werden.

Wenn Sie über andere richten, ist das ein Zeichen dafür, dass Sie stolz sind; Sie fällen ein hartes Urteil über andere, das vielleicht nicht wirklich auf den Tatsachen beruht. Wenn Sie andere verurteilen, sind Sie noch härter und äußern Ihre Kritik vielleicht sogar öffentlich. Wenn Sie nicht bereit sind, jemandem zu vergeben, verschließen Sie die Tür für Gottes Vergebung für sich selbst. Wenn Sie Ihre Zeit, Ihre Gaben und Ihre Mittel selbstsüchtig für sich behalten, statt damit den Bau von Gottes Reich zu fördern, sind Sie kein guter Verwalter der Gaben, die er Ihnen anvertraut hat.

Lassen Sie Gottes Licht leuchten, indem Sie nicht richten und andere nicht verurteilen. Lassen Sie sein Licht leuchten, indem Sie anderen vergeben und Ihre Zeit, Ihre Gaben und Ihre Mittel gern mit anderen teilen.

Weder werdet ihr
von einem
**gesunden
Baum**
faulige Früchte ernten
noch gute von einem
kranken Baum.

Lukas 6,43

In seiner sogenannten Feldpredigt sprach Jesus als Nächstes von der „Frucht“, an der man seine Nachfolger erkennt. Man muss nicht viel über einen Baum wissen – zum Beispiel die Form der Blätter, die Struktur der Rinde oder wie groß er wird –, um zu erkennen, mit welcher Baumart man es zu tun hat. Einen Baum erkennt man an seinen Früchten, und wie schon dieser Vers sagt: Ein guter Baum trägt keine schlechten Früchte.

Mit der Frucht, von der Jesus hier spricht, sind die Worte und Taten von Christen gemeint. Die Frucht des Geistes, die Paulus in seinem Brief an die Galater erwähnt, sollte im Leben eines Christen sichtbar sein.

Genau wie bei den Bäumen, von denen Jesus hier spricht, erkennt man auch Sie an der Frucht, die Sie bringen. Wenn Sie fest in Jesus verwurzelt sind – ein gesunder Baum sind –, werden Sie keine schlechten Früchte hervorbringen. Welche Früchte tragen Sie? Begegnen Sie Ihren Kollegen, Angehörigen und Freunden mit Liebe, Freundlichkeit, Geduld und Selbstbeherrschung?

Wenn Sie Gott ehren wollen, dann gehen Sie auf Menschen zu, lieben Sie sie mit seiner Liebe, und dienen Sie mit Demut und Nachsicht. Ihre liebevollen Worte und Taten werden gute Früchte sein.

Einem solchen

Vertrauen

bin ich in ganz Israel
nicht begegnet.

Lukas 7,9

Die Gesandten eines römischen Hauptmannes berichteten Jesus, dass der Diener des Offiziers krank war und im Sterben lag. Ohne zu zögern, folgte Jesus den Gesandten dorthin. Aber noch bevor Jesus das Haus erreicht hatte, kamen Freunde des Hauptmannes mit einer Botschaft zu ihm. Der Offizier ließ ihm ausrichten, dass Jesus sein Haus doch gar nicht betreten müsse, um seinen Diener zu heilen. Jesus habe „doch nur den Befehl zu geben, und meinem Diener wird es wieder gut gehen" (Vers 7). Jesus staunte darüber, dass der Hauptmann derart großes Vertrauen zu ihm hatte, und lobte ihn offen: „Einem solchen Vertrauen bin ich in ganz Israel nicht begegnet." Das Bemerkenswerte daran ist, dass der Hauptmann weder Jude noch ein Nachfolger von Jesus war. Als die Freunde zum Haus zurückkamen, sahen sie, dass der Diener geheilt war.

Vielleicht geht es Ihnen manchmal ähnlich, und Sie stellen fest, dass es Menschen in Ihrer Familie oder in Ihrem Bekanntenkreis gibt, deren Glaube größer zu sein scheint als Ihrer. Vergleichen Sie sich nicht mit ihnen, sondern lassen Sie sich von ihrem Glauben ermutigen. Lassen Sie sich durch ihr Vorbild inspirieren – und denken Sie daran, dass Gott auch auf Glauben hin handelt, der nur so groß wie ein Samenkorn ist (Matthäus 17,20).

Was hat ein Mensch denn davon, wenn ihm die ganze Welt zufällt, er dabei aber sich selbst verliert oder Schaden nimmt?

Lukas 9,25

Jesus warnte seine Jünger vor dem hohen Preis, den sie dafür würden zahlen müssen, wenn sie sich ihm anschlossen (nachzulesen in Lukas 9,23–27). Wer ein Jünger von Jesus sein will, muss bereit sein, täglich eine Menge auf sich zu nehmen, und seinen Spuren folgen. Diejenigen, die für die Gute Nachricht eine Menge auf sich nehmen, werden echte geistliche Erfüllung erleben und das ewige Leben bei Gott erhalten. Im Gegensatz dazu werden diejenigen, denen es nur darum geht, nach weltlichen Maßstäben reich zu sein, vielleicht hier auf der Erde alles haben, aber sie werden in der Ewigkeit alles verlieren, auch ihre Seele.

Die ganze Welt zu gewinnen mag recht verlockend klingen, aber letzten Endes steht jeder vor der Frage: Ist es das alles wirklich wert? Wessen Leben sich nur um die Dinge dreht, die diese Welt zu bieten hat, wird das unter Umständen mit seiner Seele bezahlen.

Alles, was diese Welt zu bieten hat, ist vergänglich. Leider macht sie es uns aber viel zu leicht, die Erkenntnis zu verdrängen, dass wir unsere Zeit und unsere Energie in etwas sehr viel Kostbareres investieren könnten: in die Beziehung zu Gott. Versuchen Sie, all das, was diese Welt zu bieten hat, aus der Perspektive der Ewigkeit zu betrachten. Seien Sie weiterhin bereit, Ihr Kreuz auf sich zu nehmen, um Jesus nachzufolgen. Wenn Sie sich in diesem Leben selbst verleugnen, werden Sie den Schatz des ewigen Lebens bei Gott bekommen.

Selbst die Haare auf eurem Kopf sind alle gezählt! Darum lasst euch von niemandem einschüchtern: Ihr seid

mehr wert

als all diese Spatzen!

Lukas 12,7

Jesus forderte seine Nachfolger auf, sich nicht vor denen zu fürchten, die ihnen Schaden zufügen könnten, denn letztlich hat Gott alles in der Hand (nachzulesen in Lukas 12,4–7). Er nimmt großen Anteil daran, wenn diejenigen, die ihm nachfolgen, Schmerz und Leid erfahren, denn er sorgt sich um seine gesamte Schöpfung. Der allmächtige Gott, der dafür sorgt, dass die Planeten in ihrer Umlaufbahn bleiben, sieht gleichzeitig auch den kleinen Spatz, der zu Boden fällt. Da er auch das sieht, was in den Augen der meisten als unbedeutend gilt, wie viel mehr hat er dann die Dinge im Blick, die seine Kinder betreffen?

Jesus sagte: „Ihr seid mehr wert als all diese Spatzen!" Dabei betonte er: „Welchen Wert hat schon ein Spatz? Man kann fünf von ihnen für einen Spottpreis kaufen" (Vers 6; Hfa). Was Ihren persönlichen Wert betrifft, so ist Jesus am Kreuz für Sie gestorben, um Sie vor den Konsequenzen für Ihre Sünden und der ewigen Trennung von Gott zu bewahren. Nachdem er für Sie starb, hat er sich jetzt der Sorge um Sie verschrieben. Sie sind ihm so wichtig, dass er sogar weiß, wie viele Haare Sie auf dem Kopf haben.

Wenn Sie Jesus Ihr Leben anvertraut haben und ihn mit Ihrem Leben ehren, brauchen Sie nichts auf dieser Welt zu fürchten. Sie können beruhigt wissen, dass Gott liebevoll über Ihnen wacht.

Jeder,
der sich **selbst ehrt,**
wird **gedemütigt**
werden;
aber wer sich
selbst erniedrigt,
wird **geehrt** werden.

Lukas 14,11

An einem Sabbat war Jesus zum Essen im Haus eines Pharisäers eingeladen. Dabei fiel ihm auf, dass die Gäste darum wetteiferten, auf den Ehrenplätzen zu sitzen. Er gab ihnen einen Rat: „Wenn jemand dich zu einem großen Essen einlädt, setz dich nicht auf einen der vordersten Plätze. Es könnte immerhin sein, dass der Gastgeber jemanden eingeladen hat, der bedeutender ist als du. Dann wird er gezwungen sein, dir in der Gegenwart aller anderen zu sagen: ‚Du sitzt auf dem falschen Platz. Dieser Ehrenplatz war für jenen Herrn vorgesehen.' Und mit rotem Kopf musst du dann an den letzten Tisch gehen …" (Verse 8–9). In Gegenwart aller von einem Ehrenplatz vertrieben zu werden wäre demütigender, als von vornherein auf dem weniger wichtigen Platz zu sitzen.

Jesus fuhr fort: „Wenn du zu einem Essen eingeladen bist, dann setz dich an einen der Nebentische. Wenn dann der Gastgeber kommt und dich dort bemerkt, wird er sicher sagen: ‚Freund, bitte komm mit mir an den Haupttisch'" (Vers 10). Mit diesem Beispiel veranschaulichte Jesus, was er ihnen beibringen wollte: „Wer sich selbst groß herausbringen möchte, wird am Ende oft erbärmlich dastehen, doch wer sich gelassen und bescheiden zurücknehmen kann, wird wahre Wertschätzung erfahren."

Sie sollen Gott dienen und Ihren Nächsten lieben, und zwar von einer bescheidenen Position aus. Wenn Sie das tun, wird Gott Sie zur rechten Zeit erhöhen.

Solche Feste
feiern die Engel Gottes
jedes Mal,
wenn ein Mensch,
der Gefahr lief,
verloren zu gehen,
zu seinem Gott
zurückfindet.

Lukas 15,10

Sie haben sicher schon einmal etwas verlegt und lange danach gesucht. Vielleicht haben Sie sogar völlig verzweifelt an Stellen nachgesehen, von denen Sie wussten, dass es dort unmöglich sein konnte. Und wie haben Sie reagiert, als Sie die verlegte Sache fanden? Waren Sie so froh darüber, dass Sie unbedingt jemandem davon erzählen mussten?

Dieser Abschnitt im Lukasevangelium beschreibt anschaulich, wie sehr sich eine Frau freute, als sie etwas wiederfand, das sie verloren hatte. In dem Gleichnis, das Jesus erzählte, geht es um eine Frau, die eine Silbermünze verloren hatte. Auf der Suche danach machte sie das ganze Haus sauber. Als sie die Münze schließlich fand, rief sie ihre Freunde und Nachbarn zusammen: „Feiert mit mir! Ich habe meine verloren geglaubte Münze wiedergefunden" (Vers 9). Alle konnten sehen, wie überglücklich sie war.

Für diese Frau war die Münze ein bedeutender Verlust, und ihre Freude war aufrichtig, und sie war es wert, geteilt zu werden. Jesus verglich ihre Freude mit der Freude, die im Himmel herrscht, „wenn ein Mensch, der Gefahr lief, verloren zu gehen, zu seinem Gott zurückfindet". Stellen Sie sich einmal die große Freude der Engel vor, wenn ein Mensch, der nichts von Gott wissen wollte, sein Rettungsangebot annimmt. Und jetzt stellen Sie sich vor, wie im Himmel an dem Tag gefeiert wurde, als Sie zu Gott kamen!

Wer in kleinen Dingen

zuverlässig

ist, wird es

auch in großen sein.

Lukas 16,10

Jesus erzählte ein Gleichnis über einen unehrlichen Verwalter, der das Geld seines Herrn veruntreute. Als der Herr ihn zur Rede stellte und ihm ankündigte, dass er entlassen werden würde, schmiedete der Verwalter einen cleveren Plan: Er wollte sich bei Menschen einschmeicheln, die Schulden bei seinem Herrn hatten, damit sie ihm wohlgesonnen waren, wenn er entlassen wurde. Der Verwalter kürzte bei jedem den Betrag, den er schuldig war, betrog so seinen Herrn ein weiteres Mal und sicherte sich damit die Sympathien der anderen Geschäftsleute. Und was tat sein Herr? Er lobte sogar den Scharfsinn des Verwalters.

Vielleicht sind Ihre scharfsinnigen Pläne erfolgreich, und Sie verstehen es, Menschen zu Ihrem Vorteil zu beeinflussen, aber das beeindruckt Gott nicht. Gott möchte, dass Sie Ihre Gaben und finanziellen Mittel nutzen, um sein Reich zu bauen, ganz gleich, ob Ihnen das Gewinn bringt oder nicht. Wenn Sie Ihre Gaben so einsetzen, dass Sie seine Gute Nachricht verbreiten und Beziehungen für die Ewigkeit bauen, wird Gott Ihnen mehr Möglichkeiten und mehr Verantwortung geben, um sein Reich voranzubringen. Gehen Sie also mit dem, was Gott Ihnen anvertraut hat, gewissenhaft um.

Wenn euer Freund die
Korrektur
annimmt,
dann tragt ihm nichts nach.

Lukas 17,3

Unsere Bereitschaft zu vergeben beeinflusst unsere Beziehungen zu anderen ungemein. Wenn wir einen Groll hegen, belastet es uns selbst und natürlich auch die Beziehung. Wenn wir uns weigern, jemandem zu vergeben, der uns beleidigt hat, errichten wir eine Mauer, die erst wieder eingerissen werden muss. Vergebung ist die einzige Möglichkeit, wie wir uns von solchen Lasten befreien können.

Jesus sprach oft davon, wie wichtig es ist, anderen zu vergeben. Er gab auch nicht an, ob wir jemandem irgendwann oft genug vergeben haben. Stattdessen sagte er, auch wenn jemand uns siebenmal am Tag verletzt, sollen wir ihm trotzdem jedes Mal wieder neu vergeben.

Denken Sie doch einmal darüber nach, wie oft Jesus Ihnen vergibt, wenn Sie seine Gebote übertreten. Entsprechend erwartet er, dass Sie anderen genauso vergeben, wie Ihnen vergeben wird. Wenn Sie möchten, dass Gott Ihnen Ihre Schuld vergibt, müssen Sie auch bereit sein, denen zu vergeben, die an Ihnen schuldig geworden sind.

Wenn Sie beschließen, jemandem zu vergeben, ersetzen Sie darüber hinaus Wut und Verbitterung durch Frieden und Liebe. Vergebung ist für beide ein Segen – für den, dem vergeben wird, und für den, der vergibt.

Mein Haus ist ein

Haus des Gebetes.

Lukas 19,46

Zur damaligen Zeit war der Tempel für die Juden der zentrale Ort der Anbetung. Leider respektierten nicht alle die Heiligkeit des Tempels; viele nutzten diesen Ort, um Profit zu machen. Außerdem traf man dort auch einige skrupellose Geschäftspraktiken an: Wenn eine Familie ein Opfertier brachte, konnte ein betrügerischer Tempeldiener irgendeinen Makel daran finden und die Familie so zwingen, ein anderes Tier zu kaufen.

Weil der Tempel ein heiliger Ort der Anbetung Gottes war, machte dieses Verhalten Jesus wütend. Deshalb jagte er die Händler aus dem Tempel und rief: „Mein Haus ist ein Haus des Gebetes, ihr aber habt aus ihm eine Höhle für Wegelagerer gemacht“ (Vers 46), womit er sich auf zwei Bibelstellen in Jesaja 56,7 und Jeremia 7,11 bezog. Jesus ließ nicht zu, dass diese Menschen das Haus seines Vaters entweihten.

Der Tempel steht heute nicht mehr, aber Gott ist durch den Heiligen Geist in allen seinen Kindern gegenwärtig. Trotzdem sind auch heute noch Kirchengebäude – ganz gleich, ob sie pompös oder bescheiden sind – heilige Orte des Gebets und der Anbetung unseres himmlischen Vaters. Ehren Sie deshalb Gottes Haus als Ort der Anbetung, wenn Sie es betreten.

Also, dann gebt dem

KAISER,

was ihm gehört, und

GOTT,

was Gott

GEHÖRT.

Lukas 20,25

Die religiösen jüdischen Führer gingen nicht gerade sehr raffiniert vor, als sie versuchten, Jesus dazu zu bringen, etwas zu sagen, das ihm Schwierigkeiten mit den römischen Behörden einbringen würde. Hier sprachen sie die Steuern an. „Nun, diese Prägung – wen stellt sie dar? Und die Beschriftung – wessen Name ist das?“ (Vers 24), gab Jesus zurück. Als sie zugaben, dass das Bild des Kaisers auf der Münze eingeprägt war, erwiderte Jesus: „Also, dann gebt dem Kaiser, was ihm gehört, und Gott, was Gott gehört.“ Gott ist letztlich der, der zugelassen hatte, dass die Römer Herrscher über die Juden wurden, und die Juden waren deshalb diesen Herrschern ihren Respekt und Dienst schuldig.

Christen sollen sich den Behörden daher unterordnen – solange diese nichts verlangen, was gegen Gottes Gesetz verstößt. In solchen Situationen sollen sie Gott gehorsam sein, denn er ist die oberste Autorität.

Auch Sie sind Ihrem Land die Treue schuldig. Halten Sie sich an das Gesetz. Beten Sie für die politischen Führer, damit sie das Land so regieren, dass es Gott ehrt.

Himmel
und Erde
werden vergehen;
aber meine
Worte
werden nicht
vergehen.

Lukas 21,33

Im 21. Kapitel seines Buches berichtet Lukas davon, dass Jesus mit seinen Jüngern über die Endzeit spricht. Jesus forderte die Jünger – und auch uns – auf, nach den Zeichen Ausschau zu halten, die er hier beschreibt. Er sprach von Kriegen, Katastrophen und Zerstörungen, die immer häufiger auftreten werden. Diese Ereignisse sind ein Zeichen dafür, dass die Zeit kommt, wenn „Himmel und Erde einmal nicht mehr da sein werden".

Jesus wusste, dass die Reaktionen seiner Jünger von Beunruhigung bis zur schieren Panik reichen würden. Deshalb schloss er das Ganze mit einem hoffnungsvollen Ausblick. Die Welt, die Gott erschaffen hat, wird es einmal nicht mehr geben, aber die Worte von Jesus – seine ewig gültige Wahrheit – „werden nie ihre Gültigkeit verlieren". In diesem Versprechen schwingen die Worte des Propheten Jesaja mit, der sagte: „Das Gras verdorrt, die Blumen verwelken, aber das Wort unseres Gottes bleibt gültig für immer und ewig" (Jesaja 40,8; Hfa). Auch wenn diese Welt vergeht, verlieren die Worte von Jesus nie ihre Gültigkeit.

In der Bibel heißt es, dass Satan – und mit ihm Sünde und Tod – letztlich besiegt ist und dass Jesus für immer herrschen wird. Gottes Wort, sein Reich, seine Liebe und seine Herrschaft haben für alle Ewigkeit Bestand. Trösten Sie sich mit dieser Wahrheit, während Sie nach den Zeichen der Endzeit Ausschau halten.

Der Hahn wird heute
nicht krähen,
ehe du
dreimal
geleugnet hast,
dass du mich kennst.

Lukas 22,34

Kurz nachdem er das letzte Abendmahl mit seinen Jüngern gefeiert hatte, erklärte Jesus Petrus, dass Satan vorhatte, ihn auf die Probe zu stellen und eine Spaltung zwischen ihm und Jesus herbeizuführen (Vers 31). Daraufhin meinte Petrus stolz, er sei bereit, für seinen Herrn Gefängnis und sogar den Tod auf sich zu nehmen. Da prophezeite Jesus ihm, er würde ihn noch vor dem Morgengrauen dreimal verleugnen. Man kann sich kaum vorstellen, wie verlegen und empört Petrus bei diesen Worten gewesen sein muss! Wie konnte Jesus nur auf den Gedanken kommen, Petrus würde ihm den Rücken kehren? Schließlich folgte er Jesus bereits drei Jahre lang nach!

Es geht Ihnen vielleicht oft wie Petrus, und Sie vertrauen zu sehr auf Ihre Fähigkeit, für Jesus und Ihre Überzeugungen einzustehen. Aber wenn der Druck größer wird, versagen Sie vielleicht genau wie Petrus und sind von sich selbst enttäuscht, weil Sie Ihren Herrn verraten haben. Aus eigener Kraft für seinen eigenen Glauben einzustehen, statt Gott um Hilfe zu bitten, ist eine gefährliche Sache.

Satan arbeitet möglicherweise hinter den Kulissen daran, Sie auf die Probe zu stellen, und Sie machen es ihm zu einfach, wenn Sie sich nur auf Ihre menschliche Stärke und Willenskraft verlassen. Wenn Sie mit Jesus unterwegs sind, können Sie ihn jederzeit um Hilfe bitten.

Vater, wenn du willst,
dann lass diesen **Kelch**
des **Leides**
an mir vorübergehen.

Lukas 22,42

Kurz nachdem er Petrus vorhergesagt hatte, dass er ihn verraten würde, war Jesus allein und betete zu seinem Vater. Die Qual, die in seinen Worten mitschwingt, ist unverkennbar – und nur allzu verständlich. Während er dort im Garten Gethsemane kniete, wusste er, was ihm bevorstand. Er wusste von Judas' Verrat, von der ungerechten Gerichtsverhandlung, dass man ihn verurteilen würde, obwohl er unschuldig war, er wusste von dem Spott, der Kreuzigung – und der Trennung von seinem himmlischen Vater, wenn er den Preis für die Schuld der Menschen bezahlte.

„Vater, wenn du willst, dann lass diesen Kelch des Leides an mir vorübergehen." Er betete leidenschaftlich und inbrünstig – „Wie Blut flossen die Schweißtropfen an ihm herab" (Vers 44). Dennoch unterstellte sich Jesus dem Willen seines Vaters. Er wollte zwar all das, was ihn erwartete, nicht durchmachen, aber er war ohne Sünde und gehorsam, und er nahm den unaussprechlich grausamen Tod am Kreuz auf sich.

Möge Gott Sie davor bewahren, je etwas Schreckliches durchzumachen – sei es körperlich, emotional oder geistlich. Aber wenn Sie aus dem Kelch des Leidens trinken müssen, können Sie sicher sein, dass Gott in der Stunde der Not bei Ihnen sein wird.

NOCH HEUTE
wirst du
MIT MIR
zusammen im
PARADIES
sein.

Lukas 23,43

Nachdem Pilatus Jesus zum Tod verurteilt hatte, führten die römischen Soldaten ihn nach Golgatha und nagelten ihn zwischen zwei Verbrechern an ein Kreuz. Einer der beiden Männer verspottete Jesus: „He, du Messias! Komm schon, hilf dir selbst und uns!“ (Vers 39). In krassem Gegensatz dazu standen die Worte des anderen Verbrechers: „Jesus, bitte denk an mich, wenn du in dein Reich kommst“ (Vers 42). Jesus hörte die Bitte dieses gebrochenen Mannes und nahm sie als Ausdruck aufrichtigen Glaubens an. „Verlass dich darauf: Noch heute wirst du mit mir zusammen im Paradies sein“, versprach er ihm.

Hatte dieser Verbrecher Gnade verdient? Nein, aber aus Gottes Perspektive betrachtet hat das niemand. Die ganze Menschheit ist sündig und auf Gottes Gnade und Vergebung angewiesen. Auch wenn einer ein verurteilter Krimineller ist und der andere nur gelogen hat, sind in Gottes Augen beide Sünder. Aber beide können Vergebung bekommen und errettet werden, wenn sie ihr Vertrauen auf Jesus setzen.

Durch Gottes Gnade wurden Sie errettet, als Sie erkannten, dass Sie ein Sünder sind, Jesus Ihnen aber durch seinen Tod am Kreuz den Weg zur Vergebung eröffnet hat. Diese Erlösung ist nichts, das Sie sich erarbeiten oder verdienen können, sie ist ausschließlich ein Geschenk Gottes. Und genau wie dem Verbrecher am Kreuz gilt auch Ihnen das Versprechen, dass Sie eines Tages mit Jesus im Himmel sein werden.

Schaut meine Hände an,
seht die Füße!
Ich bin es
wirklich.

Lukas 24,39

Während seines Wirkens sprach Jesus immer offen über seine bevorstehende Auferstehung. Er sprach davon, dass er drei Tage und Nächte in der Erde sein würde, genau wie Jona im Bauch des Fisches, und dass er den Tempel in drei Tagen wiederaufbauen würde. Er erwähnte sogar ausdrücklich, dass er von den Toten zurückkommen würde.

Aber trotzdem hatten die Jünger nicht wirklich damit gerechnet. Und als er sich ihnen zeigte, bekamen sie Angst, denn sie dachten, er sei ein Geist. Aber Jesus zeigte ihnen seine Hände und Füße und sagte: „Berührt mich doch, betrachtet mich ganz genau vom Kopf bis zu den Zehen. Ein Gespenst hat nun mal keine Muskeln und auch keine Knochen“ (Vers 39). Jesus wollte ihnen zeigen, dass er tatsächlich körperlich bei ihnen war. Die Auferstehung bewies, dass Jesus wirklich Sünde und Tod besiegt hat, und erfüllte die Ankündigungen, die er über sich gemacht hatte.

Die Tatsache, dass Jesus wirklich wiederauferstanden war, gab seinen Jüngern die Kraft, für ihren Herrn sogar den Tod in Kauf zu nehmen – schließlich hatten sie ihn mit eigenen Augen gesehen und mit ihren Händen berührt. Und die Zeugnisse der Jünger, die wir in der Bibel finden, können auch Ihren Glauben an Ihren Herrn und König stärken.

Denn also hat Gott
die Welt
geliebt,
dass er
seinen
eingeborenen Sohn gab,
auf dass alle,
die an ihn glauben,
nicht verloren werden,
sondern das
ewige Leben haben.

Johannes 3,16

Gute Lehrer stellen gute Fragen, Fragen, die ihre Schüler zum Nachdenken anregen. Aber in seinem Gespräch mit Jesus stellte der angesehene Lehrer Nikodemus Fragen, um selbst etwas zu lernen.

Nikodemus suchte Jesus im Schutz der Nacht auf und erkundigte sich, was er tun müsste, um gerettet zu werden. Jesus erklärte ihm, dass er von Neuem geboren werden müsste, um gerettet zu werden. Das verwirrte Nikodemus, weil er an die „biologische" Geburt dachte – dass seine Mutter ihn gewissermaßen noch einmal zur Welt bringen müsste. Jesus erklärte Nikodemus jedoch, dass er in geistlicher Hinsicht von Neuem geboren werden müsste. Zu dieser geistlichen Neugeburt käme es, wenn Nikodemus sein ganzes Vertrauen auf Jesus setzen würde, Gottes Sohn, der gekommen war, um die Welt von der Sünde zu erretten.

Nikodemus stellte die richtigen Fragen und erfuhr, wie man von Neuem geboren wird. Wer sein Vertrauen auf Jesus setzt, wird von Gott nicht länger verurteilt werden, weil Jesus für uns am Kreuz gestorben ist. Diese Menschen „gehen nicht verloren, sondern haben das ewige Leben". Haben Sie diese geistliche Neugeburt schon erlebt?

Doch jeder,
der von dem
Wasser trinkt,
das ich ihm geben werde,
wird nie mehr
durstig werden.

Johannes 4,14

Die Juden verachteten die Samariter, weil diese die Nachkommen von Juden waren, die sich mit Ungläubigen vermischt hatten. Aber als Jesus durch Samarien reiste, begegnete er den Bewohnern anders.

Als Jesus um die Mittagszeit an einem Brunnen Rast machte, kam auch eine samaritische Frau, die er dann um Wasser bat. Jesus wusste, dass sein körperlicher Durst nicht so wichtig war wie ihr geistlicher Durst. Jesus suchte das Gespräch mit der Frau und versprach, ihren geistlichen Durst mit lebendigem Wasser zu stillen, sodass sie nie wieder durstig sein würde. Die Samariterin war darüber so verblüfft, dass sie ihn um das Wasser bat, das er ihr anbot.

Jesus forderte die Frau auf, ihren Mann zu holen, aber sie behauptete, sie sei nicht verheiratet. Jesus pflichtete ihr bei. Ja, sie hatte keinen Mann, war aber schon fünfmal verheiratet gewesen. Dass Jesus über ihr Privatleben Bescheid wusste, war für die Frau der Beweis dafür, dass er ein Prophet war (und der angekündigte Messias).

Jesus bietet uns auch heute noch lebendiges Wasser an. Wenn wir von seinem Wasser trinken, werden wir in geistlicher Hinsicht nie wieder durstig sein. Haben Sie Ihren geistlichen Durst schon gestillt? Wenn ja, bitten Sie Gott, dass er Ihnen diejenigen zeigt, die noch nach lebendigem Wasser dürsten.

Denn **Gott** ist Geist.
Und wer Gott **anbeten**
will, muss von
seinem **Geist**
erfüllt sein und in seiner
Wahrheit leben.

Johannes 4,24

Dieser Ausspruch stammt aus dem Gespräch zwischen Jesus und der Samariterin. Als sie erkannt hatte, dass Jesus zumindest ein Prophet war, sprach sie darüber, dass die Juden Gott in Jerusalem anbeteten, während die Samariter wegen ihrer jüdisch-heidnischen Abstammung ihren eigenen Tempel auf dem Berg Garizim hatten. Die Samariter hatten also nicht den gleichen direkten Zugang zu Gott.

Jesus erklärte der Frau, dass schon bald die Zeit kommen würde, wenn die Menschen ihren himmlischen Vater überall anbeten konnten, solange sie ihn „von seinem Geist erfüllt und in seiner Wahrheit" anbeteten. Für Gott ist es nicht wichtig, welche Herkunft ein Mensch hat, solange er ihn aufrichtig liebt und anbetet. Durch Jesus haben alle den gleichen Zugang zum Vater.

Jesus weiß, wie es in Ihnen aussieht, und er weiß auch, in welcher Haltung Sie ihn anbeten. Er kennt die Motive, aus denen heraus Sie ihn anbeten – sei es Pflichtbewusstsein oder Freude. Er weiß, ob Sie sich im Gottesdienst auf die Lieder und die Predigt konzentrieren oder ob Ihre Gedanken auf Wanderschaft gehen. Gott möchte, dass Sie völlig hingegeben sind, wenn Sie ihn anbeten.

Bitten Sie Gott an diesem Wochenende, bevor Sie zum Gottesdienst gehen, dass er Ihnen ein offenes und erwartungsvolles Herz schenkt. Es sollte Ihr Ziel sein, von seinem Geist erfüllt zu sein und in seiner Wahrheit zu leben.

Wer meine Botschaft

HÖRT

und dem

GLAUBT,

der mich gesandt hat,
der hat das

EWIGE
LEBEN.

Johannes 5,24

Jesus machte wiederholt unmissverständlich klar, dass er der einzige Weg zu Gott ist. In Johannes 5,24–30 wird ausführlich beschrieben, was mit uns Menschen nach unserem Tod passiert: Alle müssen Rechenschaft ablegen, und die Art und Weise, wie jemand während seines Lebens zu Jesus stand, hat Auswirkungen darauf, wo er die Ewigkeit verbringt.

Diejenigen, die Jesus ihr Leben anvertrauen, werden die Ewigkeit bei Gott verbringen. Diejenigen, die ihn ablehnen, werden die Ewigkeit getrennt von Gott verbringen. Das sind die einzigen beiden Möglichkeiten. Es gibt hier keinen Mittelweg. In unserer postmodernen Gesellschaft, in der fast jede Handlung und Überzeugung toleriert wird, ist diese Tatsache einfach nicht „politisch korrekt". Die heutigen Moralvorstellungen bestehen aus Grauzonen und nicht aus einem klar voneinander abgegrenzten Richtig oder Falsch.

Selbst wenn die Menschen heute eine andere Sicht des Lebens nach dem Tod haben, ändert das nichts daran, dass die Worte von Jesus auch jetzt noch Gültigkeit haben: Jeder Mensch wird eines Tages vor Gott stehen, und dort wird darüber entschieden, wo jeder Einzelne die Ewigkeit verbringt. Jeder, der in diesem Leben mit Gott lebt, wird auch sein ewiges Leben mit ihm verbringen. Diejenigen, die den Anspruch von Jesus, der Sohn Gottes zu sein, zurückweisen, werden die Ewigkeit ohne Gott verbringen. Und die Ewigkeit ist ein sehr langer Zeitraum.

Wie haben Sie sich entschieden? Und die Menschen, die Ihnen wichtig sind?

Alles, was ich tue,

bestätigt

in der Tat,
dass der Vater mich
gesandt hat.

Johannes 5,36

Seit zweitausend Jahren gibt die Frage, wer Jesus ist, Anlass zur Diskussion. Man kann nicht sagen, dass Jesus einfach nur ein guter Mensch mit hohen moralischen Überzeugungen war, denn er hat nicht bloß moralische Prinzipien gelehrt, sondern auch behauptet, Gott zu sein. Das bedeutet, dass er entweder tatsächlich Gott ist oder ein geschickter Lügner oder ein Geisteskranker mit einem Identitätsproblem. Sie müssen entscheiden, welche dieser drei Schlussfolgerungen Jesus beschreibt.

Jesus hat immer wieder betont, dass er der Sohn Gottes ist. In diesem Vers zum Beispiel versichert Jesus, dass der Vater ihn gesandt hat. Außerdem haben sowohl Johannes der Täufer als auch Gott selbst bezeugt, dass Jesus Gottes Sohn ist: „In dem Augenblick, als Jesus nach der Taufe aus dem Wasser stieg, öffnete sich der Himmel, und er sah den Geist Gottes wie eine Taube auf sich herabschweben. Gleichzeitig war eine Stimme zu hören: ‚Dies ist mein Sohn, den ich über alles liebe'" (Matthäus 3,16–17). Ereignisse wie dieses zeigen, dass Jesus tatsächlich der Sohn Gottes ist.

Sie kommen nur dann in den Genuss des ewigen Lebens, wenn Sie Ihre Schuld erkennen, umkehren, Jesus als den Sohn Gottes annehmen und ihn bitten, Ihr Herr und Erlöser zu sein. Zu welchem Schluss kommen Sie bezüglich der wahren Identität von Jesus?

Ich bin das Brot

des Lebens.
Wer zu mir kommt,
der wird nicht mehr
hungern,
und wer sein
Vertrauen
auf mich setzt,
wird auch keinen
Durst mehr haben.

Johannes 6,35

Im Johannesevangelium erklärt Jesus mit aller Deutlichkeit, dass er und Gott eins sind. Jede dieser Aussagen beginnt mit einem „Ich bin", was für die Juden eine deutliche Anspielung auf Gottes „Ich bin, der ich bin!" war, mit dem dieser sich Mose vorgestellt hatte (nachzulesen in 2. Mose 3,14).

Das erste „Ich bin" lautete: „Ich bin das Brot des Lebens." Damit bezieht er sich auf seine Diskussion mit den Juden darüber, dass Gott Manna vom Himmel geschickt hatte. Nachdem er sich selbst als das Brot des Lebens bezeichnet hatte, fuhr Jesus fort: „Eure Vorfahren haben das Manna-Brot in der Wüste gegessen und sind gestorben. Aber hier habt ihr ein Brot, das wirklich vom Himmel gekommen ist. Jeder, der dieses Brot isst, wird nicht sterben" (Verse 49–50). Diejenigen, die von dem Brot aßen, das ihnen jetzt angeboten wurde, sollten ewiges Leben bekommen – im Gegensatz zur rein physischen Befriedigung des Hungers damals in der Wüste.

Jesus kam genau nach Gottes perfektem Zeitplan auf die Erde. Aber anders als das Manna, das die Menschen nur körperlich am Leben erhält, schenkt Jesus – das Brot des Lebens – geistliches Leben für die Ewigkeit. Nur er kann Ihre hungernde Seele sättigen, während Sie hier auf der Erde als Vorbereitung auf die Ewigkeit leben.

Wenn jemand

DURST

hat, dann soll er zu mir

KOMMEN.

Ich gebe ihm zu

TRINKEN.

Johannes 7,37

Weil Gott Sie dazu erschaffen hat, in einer Beziehung zu ihm zu leben, können Ihre tiefsten Bedürfnisse auch nur durch ihn gestillt werden. Nur Jesus kann Ihren geistlichen Durst stillen. Wer von ihm trinkt, „aus dessen Innerem wird ein Strom von lebendigem Wasser hervorbrechen“ (Vers 38). Aber manche Menschen versuchen ihr gesamtes Leben lang, ihre innere Unruhe zu stillen – indem sie nach einem besseren Job, einem größeren Haus, einer intensiveren Beziehung suchen. Aber materielle Dinge können unsere Sehnsucht nur eine Zeit lang stillen.

Der französische Mathematiker und Autor Blaise Pascal beschrieb sowohl das Problem als auch dessen Lösung: „Im Herzen eines jeden Menschen befindet sich ein von Gott geschaffenes Vakuum, das durch nichts Erschaffenes erfüllt werden kann als allein durch Gott, den Schöpfer, so wie er sich in Christus offenbart.“ Pascal behauptete also, dass die natürliche Leere in jedem von uns nur von Gott gefüllt werden kann.

Denken Sie einmal über den inneren Durst nach, den Sie wahrscheinlich nur allzu gut kennen. Wie haben Sie versucht, ihn zu stillen? Nehmen Sie die Einladung von Jesus an: „Wenn jemand Durst hat, dann soll er zu mir kommen.“ Er wartet nur darauf, das „von Gott geschaffene Vakuum“ in Ihrem Herzen zu füllen.

Ich bin das

Licht der Welt.

Niemand,
der mir nachfolgt,
muss in der Dunkelheit
herumirren,
sondern sein ganzes Leben
wird durch mich hell werden.

Johannes 8,12

Das 8. Kapitel des Johannesevangeliums berichtet davon, dass Jesus gerade zu einer Menschenmenge sprach, als Schriftgelehrte und Pharisäer eine Frau zu ihm führten, die beim Ehebruch ertappt worden war. Sie wollten ihn dazu bringen, etwas zu sagen, das dem Gesetz widersprach. Daher behaupteten sie, dass die Frau ja laut Gesetz gesteinigt werden müsste, und erkundigten sich, was Jesus darüber dachte.

Jesus war sich bewusst, dass man ihn gerade auf die Probe stellte, und daher entgegnete er schlicht: „Derjenige unter euch, der ohne Sünde ist, soll den ersten Stein werfen!“ (Vers 7). Jetzt waren die Schriftgelehrten und Pharisäer am Zug – würden sie auf der Steinigung beharren und damit gewissermaßen behaupten, dass sie schuldlos waren, oder würden sie aufgeben? Einer nach dem anderen ließen die Männer ihre Steine fallen und gingen weg. Jesus wandte sich nun an die Frau und erklärte ihr, dass auch er sie nicht verurteilen würde, wenn alle anderen dies nicht länger taten. Sie solle aber darauf achten, etwas Derartiges in Zukunft nicht mehr zu tun. Danach wandte Jesus sich wieder der Menschenmenge zu und erklärte, dass er das Licht der Welt sei und dass alle, die ihm nachfolgen, nicht länger in der Dunkelheit herumirren müssen.

Da er auch Ihr Licht ist, erhellt Jesus ebenfalls die dunklen Ecken in Ihrem Leben, in dem die Sünde zu Hause ist. Er lädt Sie ein, sich davon abzuwenden und zu ihm umzukehren. Er will Ihnen Heilung schenken und Wahrheit, Hoffnung und Liebe. Es gibt keinen Grund, warum Sie noch länger in der Dunkelheit ausharren sollten!

Ihr werdet die Wahrheit

ERKENNEN,

und die

WAHRHEIT

wird euch

BEFREIEN!

Johannes 8,32

Nur wenige Menschen suchen heutzutage noch nach der absoluten Wahrheit. Gut und Böse sind zunehmend relative Begriffe. Das führt dazu, dass die Menschen ohne Rücksicht auf die Folgen immer mehr das tun, was sie selbst für richtig halten. Dieser Mangel an Wahrheit und Integrität richtet in unserer Gesellschaft viel Unheil an und fesselt die Menschen zunehmend an die Sünde.

Jesus hatte genau diese Versklavung an die Sünde im Sinn, als er sich mit den folgenden Worten an seine Zuhörer wandte: „Ihr seid erst dann wirklich meine Jünger, wenn ihr an dem festhaltet, was ich euch gesagt habe. Dann werdet ihr selbst die Wahrheit erfahren, und diese Wahrheit wird euch frei machen" (Verse 31–32). Auch wenn die Menschen heutzutage die Vorstellung ablehnen, dass es absolute Wahrheiten gibt, so wissen Christen doch, dass Gottes Wort eine sichere Quelle der Wahrheit ist. Wer Gott gefallen und nach seinen Maßstäben leben will, der weiß, dass er sich an die Wahrheiten der Bibel halten muss. Wer diesen Wahrheiten folgt, wird von den Fesseln der Sünde befreit.

Ist Gottes Wort Teil Ihres Lebens? Beschäftigen Sie sich täglich damit, und leben Sie nach dem, was Sie gelesen haben? Gottes Wort ist sein Liebesbrief an Sie. Wenn Sie nach seiner Wahrheit, nach seinen Weisungen und im Gehorsam gegenüber seinen Geboten leben, werden Sie das erfüllte Leben und die geistliche Freiheit kennenlernen, die er für Sie bereithält.

Ich bin das **Tor.**
Für jeden,
der durch mich hineingeht,
ist in alle **Ewigkeit**
gesorgt.

Johannes 10,9

Im 10. Kapitel des Johannesevangeliums finden wir einen weiteren „Ich bin“-Ausspruch von Jesus. In diesem Vers erklärt Jesus, dass er das Tor zur Erlösung ist. Jesus verwendet hier das Bild von Schafen, die in den Schafstall zurückkehren, um Schutz zu suchen. Wer in Sicherheit sein und ein erfülltes Leben führen will, dem wird das nur dadurch gelingen, dass er durch die Tür geht, die Jesus ihm öffnet.

Jesus ist aber nicht eine von vielen Türen zur Erlösung; er ist die einzige Tür. Jesus hat auch nie von sich gesagt, er sei einer von vielen Wegen zu Gott. Vielmehr hat er immer wieder betont, er sei der einzige Weg, wie ein sündiger Mensch in eine Beziehung zum heiligen Gott treten kann. Diese Behauptung erregt die Gemüter der Vertreter anderer Religionen und verärgert die Verfechter der ungezügelten Toleranz unseres 21. Jahrhunderts. Aber ganz gleich, wer sich an dieser Wahrheit stößt: Jesus ist und bleibt das einzige Tor zur Erlösung.

Die Menschen sind sündig, und nur Menschen, denen ihre Schuld vergeben wurde, können in die Gegenwart Gottes kommen. Jesus ist der Einzige, der Ihnen die Tür zu einer Beziehung zum Vater öffnen kann. Die Anhänger anderer Religionen und Philosophien klopfen an die falsche Tür. Durch welche Tür wollen Sie gehen?

Ich bin der
gute Hirte.
Ich kenne
meine Schafe …

Johannes 10,14

Dieser Vers baut auf die vorangegangene „Ich bin"-Aussage auf. Diesmal sagt Jesus, dass er der gute Hirte ist, der seine Schafe beschützt und sogar sein Leben für sie gibt. Hirte zu sein war damals ein herausfordernder Beruf, in der Gesellschaft aber nicht sehr hoch angesehen. Ein Hirte musste immer bereit sein, seine Herde vor Raubtieren und Krankheiten zu beschützen. Was die Sache noch schwieriger macht, ist die Tatsache, dass Schafe nicht besonders klug sind – die gesamte Herde rennt einem Tier hinterher, das sich in Bewegung gesetzt hat, selbst wenn es den Abhang hinunterstürzt. Schafe brauchen also auf jeden Fall einen guten Hirten, der sie beschützt.

Und die Menschen unterscheiden sich gar nicht so sehr von Schafen. Sie treffen oft unkluge Entscheidungen und können sich nicht selbst gegen ihren größten Feind, den Teufel, verteidigen. Und wenn es darum geht, schlechte Entscheidungen zu treffen – nun, Menschen folgen auch da gern der Masse. Sie brauchen also einen Hirten, der sie führt und beschützt.

Jesus erklärte jedoch, dass er Ihr guter Hirte ist und Sie sein Schaf sind. Als guter Hirte hat er schon bewiesen, wie sehr er seine Schafe liebt, indem er sein Leben am Kreuz gegeben hat. Und er sorgt für Sie, wenn Sie sich seiner Führung anvertrauen, und bewahrt Sie vor Versuchung und dem Bösen.

Meine Schafe

kennen meine Stimme.
Ich kenne sie
und sie folgen mir.

Johannes 10,27

Dieser Vers führt den Vergleich mit dem guten Hirten fort. Es fiel vielen Juden schwer zu verstehen, warum Jesus seine Identität nicht öffentlich verkündete. Sie fragten ihn: „Wie lange willst du uns noch hinhalten? Wenn du der Messias bist, dann sag es doch geradeheraus“ (Vers 24). Trotz all seiner Wunder waren sich viele noch nicht sicher, wer er war. Sie wollten, dass er ihnen geradeheraus sagte, dass er der Messias war. Jesus antwortete: „Ich habe es euch ja schon gesagt, aber ihr glaubt einfach nicht. Alles, was ich getan habe, geschah im Auftrag meines Vaters, und meine Werke sprechen eine deutlichere Sprache als alle Worte“ (Vers 25). Jesus hatte durch seine Taten schon bewiesen, wer er war, aber das war ihnen immer noch nicht genug.

Dann erklärte Jesus der Menge, weshalb sie so verwirrt waren. Diese Juden waren nicht Teil seiner Herde. Sie glaubten nicht, dass er der Sohn Gottes war, und deshalb erkannten sie die Stimme des guten Hirten nicht. Die Schafe, die Jesus im Vers 27 erwähnt, hören dagegen seine Stimme und folgen ihm, weil sie zu seiner Herde gehören. Er schenkt ihnen ewiges Leben, und niemand wird sie ihm wieder entreißen können.

Wenn Sie Jesus nachfolgen, sind auch Sie Teil seiner Herde. Bitten Sie ihn darum, dass Sie die Stimme Ihres guten Hirten hören können und ihm folgen.

Ich bin die Auferstehung
und das
Leben.
Wer an mich glaubt,
wird leben,
selbst wenn er stirbt.

Johannes 11,25

Jesus hatte gehört, dass Lazarus krank war, aber er war nicht sofort aufgebrochen, um an der Seite seines Freundes zu sein. Als Jesus schließlich in Betanien eintraf, war Lazarus bereits vier Tage tot. Seine Schwestern Maria und Martha waren fest davon überzeugt, dass Jesus Lazarus hätte heilen können, wenn er rechtzeitig da gewesen wäre.

Martha sprach Jesus darauf an, als er endlich da war. Jesus versicherte Martha, dass Lazarus auferstehen würde. Sie antwortete: „Ich weiß … dass er auferstehen wird in der großen Auferstehung am letzten Tag" (Vers 24). Da verkündete Jesus: „Ich bin die Auferstehung und das Leben." Wer ihm vertraut, wird ewiges Leben haben. Jesus fragte Martha, ob sie daran glaubte. Daraufhin bekannte sie, dass er der Sohn Gottes sei.

Auch Maria kam zu Jesus und erzählte ihm, wie traurig sie darüber war, dass er nicht früher gekommen war. Als er Marias Tränen sah, begann auch Jesus zu weinen. Aber schon kurz darauf wurden die beiden Schwestern Zeugen, dass Jesus ihren Bruder wieder zum Leben erweckte. Ihr Glaube an die Macht von Jesus stieg dadurch bestimmt ins Unermessliche.

Manchmal ist es Gott wichtiger, dass Ihr Glaube wächst, als dass in Ihrem Leben alles rundläuft. Wenn Gott sich scheinbar Zeit lässt, bis er eingreift, bereitet er vielleicht ein echtes Wunder für Sie vor.

DER VATER

wird jeden

EHREN

und

BELOHNEN,

der mir

DIENT.

Johannes 12,26

Während seines öffentlichen Wirkens wies Jesus immer wieder darauf hin, dass er den Menschen dienen wollte. Unmittelbar vor diesem Vers hatte Jesus seinen Jüngern erklärt, wenn sie ewiges Leben haben wollten, müssten sie bereit sein, ihr Leben in dieser Welt loszulassen. Das hieß, sie mussten bereit sein, bei allem, was sie taten, nach Gottes Willen zu fragen, ganz gleich, was es sie kosten würde. Wenn man sein eigenes Leben loslassen und Jesus nachfolgen will, dann gehört dazu, dass Sie anderen dienen. Und dann wird Ihr himmlischer Vater Sie ehren und belohnen.

Jesus war der Diener schlechthin – er verzichtete auf seine göttlichen Vorrechte, verließ die Herrlichkeit des Himmels und wurde Mensch. Als Jesus am Kreuz starb, unterstellte er sich dem Willen seines Vaters und diente damit gleichzeitig allen Menschen, indem er für unsere Sünden starb. Der Opfertod Jesu war ein Dienst an uns allen. Unsere Antwort darauf sollte Dankbarkeit sein und die Bereitschaft, Gott und anderen zu dienen.

Und ich werde,
sobald man mich
von der Erde
erhöht hat,
alle zu
mir ziehen.

Johannes 12,32

Seine Jünger verstanden nicht immer, was die Gleichnisse und Bilder bedeuteten, die Jesus benutzte. Manchmal erschwerte es die Sache noch, dass seine Worte mehrere Bedeutungen hatten. Jesu Worte in Johannes 12,32 sind ein Beispiel dafür. Mit der Aussage, dass er von der Erde erhöht werden würde, kündigte Jesus zunächst einmal seinen Tod an, wo er an einem Kreuz erhöht werden würde. Durch seinen Opfertod zog Jesus Menschen zu sich, die wussten, dass sie vor Gott nicht bestehen konnten und dass Jesus Gottes Sohn und das vollkommene Opferlamm war, dessen Blut sie von ihrer Schuld befreite. Sie würden ihm als ihrem Retter, Herrn und König dienen.

Dann bezog er sich aber auch auf seine zukünftige Erhöhung durch den Vater. Nach seinem Tod am Kreuz stand Jesus von den Toten wieder auf und stieg vierzig Tage später in den Himmel auf. Jetzt sitzt er dort zur Rechten des Vaters und wird durch das Lob und die Ehre, die ihm gebühren, erhöht. Hier auf der Erde ziehen seine Nachfolger immer mehr Menschen zu Jesus, indem sie so leben, dass es ihm Ehre macht.

Auch Sie sollten so leben, dass Jesus erhöht wird, indem Sie ihn mit Ihren Worten und Taten ehren, damit andere diesen lebendigen Retter auch kennenlernen wollen.

Glaubt an das
Licht,
solange ihr's habt,
auf dass ihr des
Lichtes Kinder werdet.

Johannes 12,36

Bei anderer Gelegenheit hatte Jesus bereits erklärt, dass er das Licht der Welt ist. Er ist das Licht, das Sünde aufdeckt und den Menschen durch seinen Tod am Kreuz und seine Auferstehung den Weg zur Erlösung weist. Aber es war damals schon genauso wie heute: Nicht alle erkannten oder glaubten, dass er wirklich das Licht der Welt ist.

Die Menschen, mit denen Jesus sich hier unterhielt, erkannten nicht, dass er der Sohn Gottes war (nachzulesen in Johannes 12,27–36). Als eine Stimme aus dem Himmel seinen Anspruch bestätigte, hielten die Menschen das für die Stimme eines Engels oder einfach nur für Donner. Trotzdem forderte Jesus seine Zuhörer wieder einmal auf, ihm nachzufolgen: „Solange ihr also noch das Licht habt, vertraut euch ihm an. Dann wird es in euch hell werden, und man wird erkennen, dass ihr Kinder des Lichtes seid." Jesus wusste, dass der Zeitpunkt kommen würde, an dem sein Licht in dieser Welt nicht länger scheinen würde. Die Menschen mussten zu ihm kommen, bevor es zu spät war.

Jesus wollte, dass die Menschen damals „Kinder des Lichts" wurden – dass sie seinen Lehren glaubten, seinen Geboten gehorchten, seiner Führung folgten und der Wahrheit vertrauten, dass er der Sohn Gottes ist –, und das will er auch heute von Ihnen.

Wenn ich also,
euer Rabbi und **Herr,**
euch die **Füße**
gewaschen habe,
dann müsst auch ihr
bereit sein,
euch **gegenseitig**
zu **dienen.**

Johannes 13,14

Zur damaligen Zeit waren die Füße der Leute meist sehr schmutzig, da sie auch weite Wegstrecken zu Fuß zurücklegte. Deshalb war es ein Zeichen von Gastfreundschaft, einem Besucher die Füße zu waschen. Für gewöhnlich war das die Aufgabe des niedersten Sklaven. Aber als Jesus und die Jünger zum letzten Abendmahl im Obergemach zusammenkamen, meldete keiner der Jünger sich freiwillig für diese erniedrigende Aufgabe.

Doch das hielt Jesus nicht davon ab, seinen Jüngern seine Gastfreundschaft zu zeigen. Nach dem Essen stand er auf, wickelte sich ein Tuch um, goss Wasser in eine Schüssel und fing an, seinen Jüngern die Füße zu waschen. Zuerst wollte Petrus Jesus davon abhalten, ihm die Füße zu waschen. Aber Jesus erklärte ihm, dass sie alle in geistlicher Hinsicht reingewaschen werden mussten, um Gemeinschaft mit ihm haben zu können.

Als Jesus seinen Jüngern die Füße wusch, wollte er ihnen verdeutlichen, wie wahre Liebe und Dienstbereitschaft aussehen. Jesus zeigte seinen Jüngern, dass es zum Leben eines Nachfolgers dazugehört, anderen zu dienen. Das ist wahre, tätige Nächstenliebe.

Wenn Sie Gott wirklich lieben, dann sollten Sie sich auf eine Art und Weise verhalten, die ihm Freude macht. Darüber hinaus gebraucht er Ihr Handeln, um andere zu sich zu ziehen. Sind Sie jemand, der anderen gern dient? Wenn nicht, dann bitten Sie Gott, dass er Ihnen zeigt, wem Sie etwas Gutes tun können.

Ich gebe euch aber
ein neues Gebot:

Liebt einander.

Wie ich euch geliebt habe,
so sollt auch ihr
einander lieben.

Johannes 13,34

Es gibt ein Lied mit dem Titel „Ein neu' Gebot, das gebe ich euch". Das Lied bekräftigt, dass man an unserer Liebe untereinander erkennt, dass wir Jünger Jesu sind. Unschwer kann man erkennen, dass das Lied auf das Gebot in diesem Vers zurückgeht: Liebt einander. Wenn sie einander mit Liebe begegneten, konnte man unschwer erkennen, dass die Jünger Jesus nachfolgten.

Weil Gott Liebe ist (1. Johannes 4,8), sollte die Liebe das Erkennungsmerkmal von Christen sein. Diese Liebe wurde sichtbar, als er seinen Sohn schickte, damit dieser für uns alle starb. Daher sollte jeder Nachfolger dem Vorbild von Jesus folgen und anderen mit Liebe begegnen, und das galt ganz besonders für Glaubensgeschwister.

Menschen, die nicht zu Gott gehören, sollten Christen nicht an ihrer „korrekten" Glaubenslehre erkennen oder an prunkvollen Kirchengebäuden. Sie sollten Nachfolger von Jesus daran erkennen, dass sie anderen mit Liebe begegnen.

Versuchen Sie daher, Gott im Alltag zu ehren, indem Sie andere liebevoll behandeln und ihnen dienen. So werden die Menschen, die Sie beobachten, erkennen, dass Sie zu Jesus gehören.

Dann werde ich zurückkommen und euch zu mir holen, damit auch ihr dort seid, wo ich lebe.

Johannes 14,3

Nach dem letzten Abendmahl waren die Jünger verständlicherweise aufgebracht. Jesus hatte ihnen zu verstehen gegeben, wer ihn verraten würde. Er hatte Petrus prophezeit, dass dieser ihn verraten würde, und dann hatte er seinen Jüngern auch noch mitgeteilt, dass er sie bald verlassen würde. Da er erkannte, wie sehr sie sich vor der Zukunft fürchteten, sprach er ihnen Trost zu (nachzulesen in Johannes 14–17). Diese Kapitel des Johannesevangeliums werden heutzutage als „Abschiedsrede" bezeichnet. Jesus begann damit, dass er seinen Jüngern sagte: „Lasst euch von alldem nicht in Angst und Schrecken versetzen" (Vers 1). Dann machte er ihnen Hoffnung: Er ging weg, um einen Ort für seine Jünger vorzubereiten, und würde eines Tages zurückkehren, um sie zu sich zu holen.

Jesus nannte ihnen keinen Zeitpunkt, an dem das geschehen würde. Er machte auch keine genauen Angaben zu dem Ort, den er für sie vorbereitete. Aber er versprach zurückzukommen, „damit auch ihr dort seid, wo ich lebe". Diese Worte mussten die Jünger angesichts ihrer Verzweiflung sehr getröstet haben.

Aber das ist noch nicht alles: Diese Worte des Trostes, die Hoffnung, dass Jesus einen besseren Ort für uns vorbereitet, und das Versprechen, dass er zurückkommen und uns zu sich holen wird, gelten auch Ihnen!

Ich bin der

WEG

und die

WAHRHEIT

und das

LEBEN.

Johannes 14,6

Die Jünger wussten nun, dass Jesus sie bald verlassen würde, aber sie freuten sich auch darauf, eines Tages bei ihm an dem Ort zu sein, den er für sie vorbereitete. Doch dann verwirrte er sie. Er behauptete nämlich, sie wüssten, wohin er gehe und wie man dort hinkomme. Deshalb widersprach Thomas ihm: „Herr, wir haben nicht die geringste Vorstellung, wohin du überhaupt gehst. Wie kannst du dann von uns erwarten, dass wir den Weg kennen?" (Vers 5). Daraufhin erwiderte Jesus: „Ich bin der Weg und die Wahrheit und das Leben."

Zunächst einmal ist Jesus der einzige Weg zum Vater. „Niemand kommt zum Vater außer durch mich" (Vers 6). Es gibt keinen anderen Weg in den Himmel. Zweitens ist Jesus die Wahrheit. Das hatte er bereits durch seine „Ich bin"-Worte und sein Handeln veranschaulicht, die bewiesen, dass er wirklich der Sohn Gottes und die Erfüllung der alttestamentlichen Prophetien war. Und drittens ist Jesus das Leben, was man an einer Aussage ablesen kann, die er im Gespräch mit Martha machte: „Wer an mich glaubt, wird leben, selbst wenn er stirbt" (Johannes 11,26). Die Tatsache, dass Jesus den Tod besiegte und zurück ins Leben kam – sein Sieg über Sünde und Tod –, eröffnete seinen Nachfolgern den Weg zum ewigen Leben.

An der Gültigkeit dieser Worte hat sich bis heute nichts geändert. Jesus ist auch heute noch für Sie der Weg und die Wahrheit und das Leben.

Wenn ihr mich wirklich kennt, werdet ihr auch meinen Vater kennen.

Johannes 14,7

Während Jesus seine Jünger tröstete, wiederholte er noch einmal die Tatsache, dass er und der Vater eins waren. Obwohl er ihnen diese Wahrheit gerade erst erklärt hatte, bat Philippus: „Zeig uns den Vater" (Vers 8).

Jesus hatte Tausende von Menschen mit Nahrungsmitteln versorgt. Er hatte einen Sturm gestillt, Kranke geheilt und war übers Wasser gelaufen. Jesus hatte mit zahlreichen „Ich bin"-Aussagen verkündet, dass er Gott war. Bei einer Gelegenheit hatte er sogar explizit gesagt: „Ich und der Vater sind eins" (Johannes 10,30). Aber selbst als sein Leben sich dem Ende näherte, hatten die Jünger nicht wirklich verstanden, dass er und der Vater eins waren.

Jesus entgegnete auf Philippus' Bitte hin: „Wer mich sieht, sieht den Vater" (Vers 9). Die Jünger hatten dies an seinem Wirken immer wieder ablesen können. Jesus hatte seine Göttlichkeit durch sein Handeln bewiesen. Jesus hatte nur das gesagt, was sein Vater ihm zu sagen aufgetragen hatte. Die Jünger hatten also keine Entschuldigung dafür, dass sie in ihm nicht den Sohn Gottes und ihn als dem Vater ebenbürtig erkannt hatten.

Das Gleiche gilt auch für die Christen heute. Wenn Sie Jesus kennen, kennen Sie auch seinen Vater im Himmel.

Und was ihr bitten werdet
in meinem Namen,
das will ich tun,
auf dass der Vater
verherrlicht
werde im Sohn.

Johannes 14,13

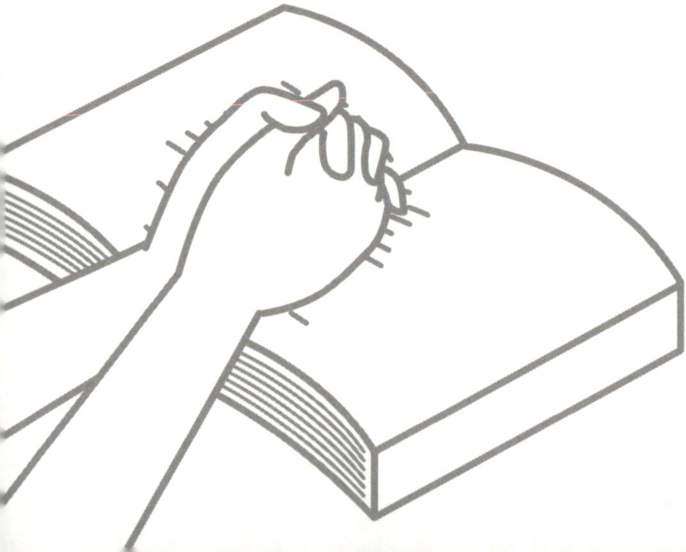

Jesus versprach seinen Jüngern, dass ihnen alles gegeben würde, worum sie in seinem Namen bäten. Das ist auch eine wunderbare Verheißung für Sie. Denken Sie zuerst einmal über dieses „in meinem Namen bitten“ nach. Viele Christen beenden ihr Gebet mit „in Jesu Namen, amen“. Das ist kein vorgeschriebenes Ende für ein Gebet und auch kein Zusatz, der sicherstellt, dass man bekommt, worum man bittet. In Jesu Namen beten bedeutet vielmehr, dass man sich mit dem Willen Gottes eins macht. Deshalb können Sie alle möglichen Bitten formulieren und auch ganz konkret und hartnäckig sein – wenn Ihre Bitten nicht im Einklang mit Gottes Willen sind, können Sie nicht davon ausgehen, dass Jesus Ihnen gibt, worum Sie bitten.

Außerdem sollte es bei Ihren Bitten in erster Linie um Gottes Herrlichkeit gehen. In Ihren Gebeten sollte es nicht hauptsächlich um Ihr Wohlbefinden, Ihren Erfolg, Ihre Anerkennung oder Ihre Ehre gehen. Ihre Gebete sollten sich auch nicht darum drehen, dass Sie reich werden oder berühmt. Bei Ihren Gebeten sollte es vielmehr darum gehen, dass Sie Gottes Willen tun und ihm die Ehre geben. „Dein Wille geschehe, wie im Himmel so auf Erden“ (Matthäus 6,10) sollte Ihr tägliches Gebet sein.

Wenn Sie diese Richtlinien für das Gebet befolgen, werden Sie ein erfüllendes Gebetsleben haben, das im Einklang ist mit Gottes Willen für Ihr Leben.

Wer sich an meine
GEBOTE
hält und sie
BEFOLGT,
der liebt mich
WIRKLICH.

Johannes 14,21

In diesem Ausspruch macht Jesus deutlich, dass Ihr Gehorsam gegenüber seinen Geboten ein Beweis dafür ist, dass Sie ihn lieben. Ihr Gehorsam zeigt, dass Sie ihn respektieren und lieben. Er will nicht, dass Sie ihm zähneknirschend gehorchen oder sich abstrampeln müssen, um seine Gebote zu befolgen. Er verspricht, Ihnen die Kraft dafür zu geben. Außerdem verspricht er Ihnen, dass Vater und Sohn Sie lieben, wenn Sie seine Gebote befolgen. Jesus verspricht außerdem, dass seine Nachfolger ihn durch ihren Gehorsam immer besser kennenlernen werden. Damit ist die persönliche Beziehung gemeint, die Jesus Ihnen anbietet.

Auf diese Weise erleben Sie nicht nur den Segen zu wissen, dass Sie das Richtige tun, sondern wissen auch, dass seine Gebote gut für Sie sind. Die Gesetze und die Anweisungen, die wir in der Bibel finden, sollen Ihnen dabei helfen, ein gutes Leben zu führen und viele Probleme zu „umschiffen". Er hat sie nicht aufgestellt, um Sie anzutreiben, sondern um dafür zu sorgen, dass Sie ein besseres Leben führen.

Wenn Sie also seinen Geboten gehorchen, wird er Sie segnen. Zum einen zeigen Sie ihm dadurch, wie sehr Sie ihn lieben, und zum anderen freut er sich über Sie und wird Sie durch seine Führung und die Grenzen, die er in seiner Weisheit für Sie gesteckt hat, segnen.

Ja, meinen Frieden
gebe ich euch …
Deshalb seid nicht bestürzt
und habt

keine Angst!

Johannes 14,27

Nachdem sie erfahren hatten, dass Jesus sie bald verlassen würde, brauchten die Jünger vor allem eines: inneren Frieden. Sie brauchten keinen Frieden, „wie ihn die Welt kennt“ (Vers 27). Der Frieden dieser Welt ist hohl, weil er unsere Seele nicht trösten kann. Er kann nur vorübergehend Befriedigung und Ruhe schenken, aber Gott bietet uns Trost und Freude, die nie vergehen.

Jesus versprach, seinen Frieden in Form des Heiligen Geistes zu schicken. Der Heilige Geist ist gewissermaßen Gottes Gegenwart auf dieser Erde und lebt in allen Nachfolgern von Jesus. Er zeigt den Gläubigen den Weg und führt sie, damit sie nach Gottes Geboten leben, und schenkt ihnen Trost und Frieden, wenn sie es brauchen (Vers 26).

Als Jesus sagte: „Meinen Frieden gebe ich euch“, spielte er auf einen alten jüdischen Segen an: „Friede sei mit dir.“ Das hebräische Wort für „Frieden“ ist „Schalom“. Dieser Friede schließt den Frieden mit Gott, mit anderen Menschen und mit sich selbst ein und ist völlig unabhängig von den Umständen. Schalom beinhaltet auch ganzheitliches Heilsein, Harmonie, Ruhe und Wohlstand. Was für ein Segen – und was für ein Geschenk!

Das Schalom, das Jesus uns anbietet, übertrifft jeden Frieden, den diese Welt Ihnen bietet, bei Weitem. Lassen Sie sich durch das Wissen trösten, dass der Heilige Geist Ihnen einen tiefen Frieden schenken will.

Ich bin der
Weinstock,
ihr seid die Reben.
Wenn ihr mit
mir
verbunden
seid und ich mit euch,
wird euer ganzes Leben
viel Frucht bringen.
Denn getrennt von mir
könnt ihr nicht das
Geringste hervorbringen.

Johannes 15,5

Im 15. Kapitel des Johannesevangeliums finden wir einen weiteren „Ich bin“-Ausspruch von Jesus. An dieser Stelle bezeichnet er sich als Weinstock und legt genau dar, wie Ihre Beziehung zu ihm aussehen muss, wenn Sie für sein Reich etwas bewirken wollen, das von Dauer ist.

Wasser und Nährstoffe bekommt die Pflanze durch den Stamm. Ohne den Weinstock können die Reben nicht überleben, geschweige denn Frucht tragen. Genau genommen bringen die Reben nur dann Ertrag, wenn der Weinstock gesund ist und sie eine starke Verbindung zum Stock haben.

Was meinte Jesus, als er sich selbst als Weinstock und seine Nachfolger als Reben bezeichnete? Er wollte ihnen damit verdeutlichen, dass sie nur dann eine wichtige Rolle im Reich Gottes spielen können, wenn sie zulassen, dass Jesus mit seinem Heiligen Geist in ihnen lebt und den Menschen durch sie begegnet. Jesus warnte seine Jünger: „Getrennt von mir könnt ihr nicht das Geringste hervorbringen“ (Vers 5). Damit meinte er, dass seine Jünger ohne seine Hilfe nichts erreichen konnten, das dauerhaft geistliche Bedeutung besaß.

Diesen Erkenntnissen schloss Jesus eine Warnung an: Diejenigen, die keine Frucht bringen, werden abgeschnitten und ins Feuer geworfen (Vers 6). Wenn Sie Frucht bringen wollen, die für die Ewigkeit Bestand hat, müssen Sie fest mit seinem Weinstock verbunden sein.

Es gibt keine größere

LIEBE,

als sein

LEBEN

für seine Freunde

EINZUSETZEN.

Johannes 15,13

In einem Brief an die ersten Gemeinden gab der Apostel Johannes eine ganz einfache Botschaft weiter: „Gott ist Liebe" (1. Johannes 4,8). Liebe ist ein zentraler Bestandteil von Gottes Wesen. Aus seiner großen Liebe zu den Menschen heraus sandte Gott seinen Sohn auf diese Welt, damit dieser für die Sünden der Menschen starb – und das alles, damit die Menschen wieder eine direkte Beziehung zu ihm genießen konnten. Und es war die gleiche große Liebe, die Jesus dazu bewog, sich den Plänen seines Vaters unterzuordnen. Um diesen Plan – am Kreuz für Ihre Sünden zu sterben – geht es in diesem Vers.

Gibt es einen größeren Liebesbeweis, „als sein Leben für seine Freunde einzusetzen"? Dass Jesus bereitwillig am Kreuz für die Sünden der Welt starb, ist der größte Liebesbeweis, den die Welt je gesehen hat. Jesus tat dies, weil er uns alle liebt und möchte, dass alle Menschen gerettet werden.

Außerdem besiegelt diese großartige Tat Ihre Freundschaft mit Jesus. Als Ihr Freund kommt Jesus zu Ihnen, er spricht mit Ihnen, trägt Ihre Lasten und tritt bei Ihrem himmlischen Vater für Sie ein. Er lebt Ihnen auch ein dienendes, opferbereites und liebevolles Leben vor und zeigt Ihnen, wie Sie Ihr Leben für Ihre Freunde einsetzen können. Denn er will, dass Sie mit anderen Menschen ähnlich liebevoll verbunden sind.

... ich habe euch

erwählt.

Ich habe euch
dazu bestimmt,
dass ihr euch
auf den Weg macht
und Frucht bringt ...

Johannes 15,16

Jeder von uns möchte irgendwo dazugehören, möchte wertgeschätzt werden und auserwählt sein – deshalb ist es so wunderbar, dass Jesus zu seinen Jüngern sagte: „Ich habe euch erwählt." Diese Worte gelten aber auch Ihnen. Er hat Sie auserwählt, sein Freund, seine Freundin zu sein und gleichzeitig auch an seinem Reich mitzubauen.

Jesus will nicht, dass Sie als sein Nachfolger ein unproduktives Leben führen. Deshalb hat er Sie nicht nur dazu auserwählt, errettet zu werden, sondern auch eine wichtige Rolle beim Bau seines Reiches zu spielen. Sie sollen die Gute Nachricht, dass die Menschen bei Gott Liebe und Vergebung finden können, auf der ganzen Welt verbreiten. Sie sollen den Menschen mit seiner Liebe begegnen. Sie sollen das Salz der Erde sein, das das Gute bewahrt, bis Jesus wiederkommt. Sie sollen das Licht der Welt sein, das die Wahrheit Gottes hell leuchten lässt. Sie sollen in Ihrer Familie dienen, in Ihrer Gemeinde, Ihrer Nachbarschaft und am Arbeitsplatz, so als würden Sie Jesus persönlich dienen. So und auf andere Weise – durch kleine und große, sichtbare und ungesehene Taten – sollen Sie Frucht tragen, die Gott Ehre macht und die Menschen einlädt, Teil seiner Familie zu werden.

Doch wenn der **Helfer** kommt, der **Geist** der Wahrheit, wird er euch Stück für Stück in die ganze **Wahrheit** einführen.

Johannes 16,13

Jesus wusste, dass ihm nicht mehr viel Zeit mit seinen Jüngern blieb, aber er hatte ihnen noch so viel zu sagen. Weil ihm bewusst war, dass seine Jünger nicht alles würden aufnehmen können, was er ihnen noch zu sagen hatte, erklärte Jesus ihnen, dass der Heilige Geist kommen und sie „Stück für Stück in die ganze Wahrheit einführen" und ihnen helfen würde.

Wichtig ist hier das kleine Wörtchen „einführen". Der Heilige Geist wird Sie nicht kontrollieren oder zu etwas zwingen. Er wird Sie führen und Ihnen vielmehr helfen, die Wahrheit über Gott zu entdecken. Das trifft besonders auf das Verständnis der Wahrheit in Gottes Wort zu. Der Heilige Geist leitet Sie bei der richtigen Auslegung und Anwendung der Bibel in Ihrem Leben.

Wenn Sie bereit sind, sich vom Heiligen Geist führen zu lassen, wird er Ihnen dabei helfen, immer besser zu unterscheiden, was weise und was dumm ist. Der Heilige Geist spricht auch nie in eigener Sache. Wenn er zum Herzen und zum Verstand der Gläubigen spricht, ordnet er sich, genau wie der Sohn, bereitwillig der Autorität des Vaters unter. Die Führung des Heiligen Geist ist also immer im Einklang mit dem Willen des Vaters.

Öffnen Sie sich für die Leitung des Heiligen Geistes. Er wird Sie niemals in die Irre führen.

In der Welt habt ihr Angst;
aber seid getrost,
ich habe die Welt
überwunden.

Johannes 16,33

Wenn Sie die Schlagzeilen lesen, kommt es Ihnen vermutlich manchmal so vor, als würde alles aus dem Ruder laufen. Aber Menschen, die zu Gott gehören, wissen es eigentlich besser. In diesem Vers geht es darum, dass Gott uneingeschränkt Macht über das Böse hat: Nachdem er eingeräumt hatte, dass seine Jünger immer wieder seinetwegen in Schwierigkeiten geraten und oft auch scheitern würden, forderte Jesus sie auf, keine Angst zu haben, weil er diese Welt bereits besiegt hatte.

Jesus wusste, dass seinen Jüngern jetzt ein Leben ohne ihn bevorstand und dass sie wegen ihrer Botschaft verfolgt werden würden. Alle, mit Ausnahme von Johannes, sollten bei der Verbreitung der Guten Nachricht letzten Endes ihr Leben opfern müssen. Auch heute noch erleben Christen Schmerz und Leid, weil man ihnen wegen ihres Glaubens das Leben schwer macht.

Aber Gott kann auch aus dem Leid etwas Gutes entstehen lassen. Er gebraucht es, damit Sie sich noch stärker auf ihn stützen, damit Sie geistlich wachsen, damit Ihr Glaube stärker wird und Sie offen sind für den Trost, den er Ihnen schenken will. Und damit Sie Ihren Blick auf die Ewigkeit richten. Ja, Sie werden in dieser Welt Kummer, Enttäuschungen, Ungerechtigkeit und richtig Schlimmes erleben, aber Sie brauchen sich trotzdem nicht zu fürchten! Jesus hat diese Welt bereits besiegt. Wenn Sie Schwierigkeiten durchmachen, dann trösten Sie sich mit dem Versprechen, das er Ihnen gemacht hat: dass es „einen neuen Himmel und eine neue Erde" geben wird, und dort wird es „keinen Tod mehr geben, keine Trauer, kein Geschrei noch irgendein Leid" (Offenbarung 21,1.4).

Ich habe das Werk vollendet, das du mir aufgetragen hast. Dadurch habe ich den Menschen gezeigt, wie wunderbar du bist.

Johannes 17,4

Im 17. Kapitel des Johannesevangeliums finden wir das sogenannte hohepriesterliche Gebet. In diesem Gebet, das er kurz vor seiner Festnahme sprach, betete Jesus zunächst für sich selbst. Dann betete er für seine Jünger und für diejenigen, die ihm zukünftig nachfolgen würden. Dieses Gebet zeigt, wie sehr Jesus seine Nachfolger liebte: In seiner dunkelsten Stunde betete er nicht nur für sich selbst, sondern auch für andere.

Zunächst bat Jesus seinen Vater: „Offenbare du die Herrlichkeit deines Sohnes, damit du vor allen Menschen verherrlicht wirst" (Vers 1). Jesus war entschlossen, die vor ihm liegende Aufgabe zu Ende zu bringen. Er ordnete sich dem Willen seines Vaters unter, obwohl es bedeutete, dass er Schmerz und Leid erleben würde.

Er sprach davon, dass das Ende seiner Zeit auf der Erde bevorstand, und sagte zum Vater: „Ich habe den Menschen gezeigt, wie wunderbar du bist." Drei Jahre lang hatte Jesus gelehrt und Wunder vollbracht, um den Menschen Gottes Größe zu zeigen. Dieser Dienst sollte bald darin gipfeln, dass Jesus das vollkommene Opferlamm für die Sünden der gesamten Menschheit wurde und auch dadurch Gott verherrlichte.

Leben Sie so, dass es dem Vater Ehre macht, genau wie auch der Sohn so lebte, dass es dem Vater Ehre machte.

ICH BETE ...
für die
MENSCHEN,
die du mir
GEGEBEN
hast; denn sie
GEHÖREN DIR.

Johannes 17,9

Im zweiten Teil seines hohepriesterlichen Gebets betete Jesus für seine Jünger, die Männer, die drei Jahre mit ihm unterwegs gewesen waren. Er betonte noch einmal, dass jeder dieser Männer, die ihn unterstützt hatten, ein Geschenk Gottes war, und dankte dem Vater für diese Jünger, die seinen Worten geglaubt hatten und ihm nachgefolgt waren.

Jesus wusste aber auch, dass die Jünger nicht wirklich verstanden, was ihnen bevorstand: Seiner Kreuzigung würden Tage voller Schmerz und Verwirrung folgen, danach die Ausgießung des Heiligen Geistes an Pfingsten und all die Gefahren, die sie erwarteten, wenn sie seine Gute Nachricht bis an die Enden der Erde tragen würden. Im Gegensatz dazu wusste Jesus, was seine Jünger erwartete, deshalb betete er ganz konkret für sie: „… ich bitte dich, sie vor dem Bösen in Schutz zu nehmen" (Vers 15), und: „… verändere ihr Herz, indem du ihnen immer mehr die Wahrheit über dich offenbarst" (Vers 17).

Dieser Abschnitt gibt uns einen wunderbaren Einblick in die Gebete, die Jesus für diejenigen spricht, die er liebt. Und genauso haben Sie Grund, sich zu freuen, denn Jesus ist auch Ihr Hohepriester, der zur Rechten des Vaters im Himmel sitzt und bei ihm für Sie eintritt.

Vater,

ich wünsche mir sehr,
dass diejenigen,
die du mir anvertraut hast,
bei mir sind …

Johannes 17,24

Im letzten Teil des hohepriesterlichen Gebets – das letzte schriftlich festgehaltene Gebet, bevor er am Kreuz starb – bat Jesus für alle zukünftigen Gläubigen, „für alle, die durch ihr Wort an mich glauben werden“ (Vers 20). Zunächst bat Jesus um Einheit unter den Gläubigen, und dann bat er darum, dass diese Gläubigen dazu beitragen würden, dass „die Welt glauben [wird], dass du es warst, Vater, der mich gesandt hat“ (Vers 21). Wenn Christen an einem Strang ziehen, werden sie die Gute Nachricht viel glaubwürdiger und erfolgreicher verbreiten.

Jesus wünschte sich auch, dass die Gläubigen die Macht sahen, die Gott ihm als seinem Sohn verliehen hatte. Er wollte, dass sie die Herrlichkeit seiner Majestät erkannten. Seine Worte veranschaulichen ein weiteres Mal, wie sehr Jesus seine Nachfolger liebt: „Vater, ich wünsche mir sehr, dass diejenigen, die du mir anvertraut hast, bei mir sind.“ Jesus wollte also, dass seine Nachfolger in der Ewigkeit bei ihm sein werden.

Vielleicht verstehen Sie nicht immer, was Jesus gerade in Ihrem Leben tut, oder Sie gehen nicht immer den Weg, den er Sie führt, oder Sie zweifeln an Ihrem Glauben. Gleichgültig, wie Ihre Beziehung zu ihm gerade aussieht: Er hört niemals auf, Sie zu lieben und für Sie zu sorgen.

Während seiner letzten Stunden auf dieser Erde hat er an Sie gedacht.

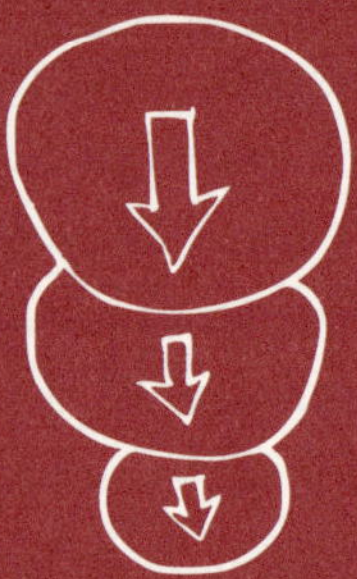

So wie mich der Vater gesandt hat, so sende ich auch euch.

Johannes 20,21

Nach der Kreuzigung hatten die Jünger große Angst um ihre Sicherheit. Die Behörden hatten ihren Lehrer verhaftet, falsch beschuldigt und verurteilt und schließlich getötet. Die Wahrscheinlichkeit war groß, dass es ihnen ähnlich ergehen würde. Also schien es weise zu sein, sich hinter verschlossenen Türen zu verstecken. Aber dann nahm die Geschichte eine unerwartete Wendung: „Plötzlich stand Jesus mitten unter ihnen" (Vers 19).

Sein Erscheinen muss die Jünger schockiert haben. Kein Wunder, dass Jesus sie mit den Worten „Friede sei mit euch" begrüßt (Vers 19).

In der Bibel finden wir an mehreren Stellen den Hinweis, dass der Vater den Sohn in die Welt gesandt hat, damit er die Schuld der Menschen auf sich nimmt. Dadurch kann Gott ihnen vergeben und sie in seine Familie aufnehmen. Jetzt beauftragte der auferstandene Sohn seine Jünger, in die Welt hinauszugehen, um anderen davon zu erzählen, dass er Sünde und Tod besiegt hat. Um seinen Jüngern Kraft für den Kampf gegen das Böse zu schenken und sie auf ihre Aufgabe vorzubereiten, hauchte Jesus sie an und gab ihnen damit einen Vorgeschmack auf Pfingsten, wenn der Heilige Geist in seiner ganzen Fülle auf sie kommen würde (nachzulesen in Apostelgeschichte 2).

Der Auftrag, den Jesus seinen Jüngern gab – Gottes Wahrheit weiterzugeben –, ist auch Ihr Auftrag, und der gleiche Heilige Geist wird auch Sie bevollmächtigen – zum Wohl Ihrer Zuhörer und zu Gottes Ehre.

Zweifle nicht länger,
sondern glaube!

Johannes 20,27

In Johannes 20, Verse 24 bis 29, dem letzten Abschnitt des Johannesevangeliums, erfährt der Leser, dass Thomas nicht dabei war, als Jesus nach seiner Auferstehung den Jüngern erschien. Als Thomas von diesem erstaunlichen Ereignis erfuhr, sagte er, er würde erst dann glauben, dass Jesus noch am Leben war, wenn er die Spuren von den Nägeln an seinen Händen sehen und sie mit seinem Finger fühlen und seine Hand in die Wunde in seiner Seite legen könnte.

Acht Tage später gab Jesus Thomas die Gelegenheit, sein Versprechen einzulösen. Jesus erschien wieder einmal plötzlich bei seinen Jüngern. Er wandte sich an Thomas und sagte: „Komm, untersuch mit deinen Fingern meine Hände. Nimm deine Hand und berühre damit meine Seite. Sei nicht ungläubig, sondern glaube“ (Vers 27). Da fiel es Thomas nicht mehr schwer zu glauben, und er sagte nur: „Mein Herr und mein Gott!“ (Vers 28). Thomas wusste, dass er soeben den auferstandenen Christus gesehen hatte.

Diese Szene schließt mit einer Seligpreisung von Jesus: „Wie glücklich können sich erst die schätzen, die mich nicht sehen und trotzdem glauben!“ (Vers 29). Wirklich zu glauben bedeutet, Jesus auch dann zu vertrauen, wenn man ihn nicht fühlen oder sehen kann. Wenn Sie Jesus nachfolgen wollen, gehört genau das dazu. Wenn Sie Ihr Vertrauen auf Jesus setzen, wird er Sie erlösen und segnen.

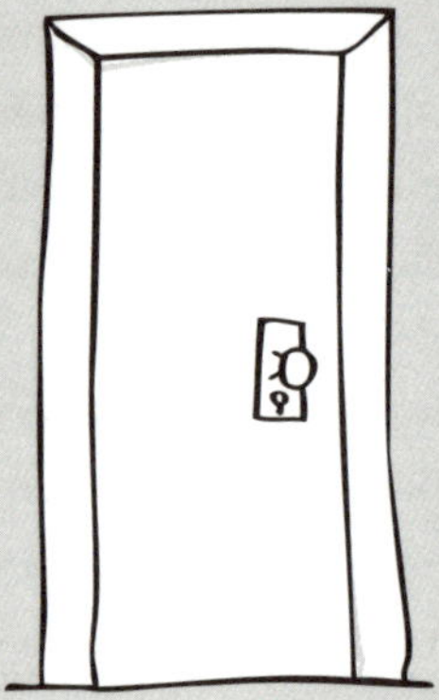

Ich stehe

vor deiner Tür

und klopfe an.

Offenbarung 3,20

In der Offenbarung ermutigte Jesus die Gläubigen, an ihren Stärken festzuhalten und an ihren Schwächen zu arbeiten. Der nebenstehende Vers befindet sich im Sendschreiben an die Gemeinde in Laodizea. Er sprach sehr direkt und nachdrücklich zu ihnen: „Du bist weder Fisch noch Fleisch ... So aber bist du weder heiß noch kalt, du bist lauwarm, darum bist du ungenießbar, und ich muss dich aus meinem Mund ausspucken" (Verse 15–16).

Es folgen noch mehr sehr deutliche Worte: „Alle, die ich liebe, weise ich zurecht und züchtige sie" (Vers 19). Genauso wie ein Vater sein Kind zurechtweist, weist auch Jesus die Gläubigen zurecht, die Korrektur brauchen. Jesus ruft seine Nachfolger auf, ihr Leben zu ändern: „Merkst du es denn nicht: Ich stehe vor deiner Tür und klopfe an; wenn du meine Stimme hörst und mir die Tür öffnest, dann werde ich bei dir eintreten und mit dir zusammen essen und du mit mir" (Vers 20). Diejenigen in der Gemeinde von Laodizea, die ihr Fehlverhalten einsahen, empfingen Vergebung und konnten ihre Beziehung zu Jesus erneuern.

Jesus sehnt sich danach, auch eng mit Ihnen verbunden zu sein. Werden Sie ihm die Tür öffnen?

Der Verlag weist ausdrücklich darauf hin, dass im Text enthaltene externe Links vom Verlag nur bis zum Zeitpunkt der Buchveröffentlichung eingesehen werden konnten. Auf spätere Veränderungen hat der Verlag keinerlei Einfluss. Eine Haftung des Verlags ist daher ausgeschlossen.

FSC www.fsc.org
MIX
Papier aus verantwortungsvollen Quellen
FSC® C014496

1. Auflage 2019
Bestell-Nr. 817528
ISBN 978-3-95734-528-8

Umschlag- und Bibelversgestaltung: Hanni Plato
unter Verwendung von Shutterstock
Satz: Immanuel Grapentin
Druck und Verarbeitung: GGP Media GmbH, Pößneck

www.gerth.de